森 一弘

病と老いと死、とその後の「いのち」

女子パウロ会

もくじ

大きな力に操られず、流されずに、自分らしく生きるために 67

聖霊について

まえがき

この本は、今年の9月お亡くなりになった森一弘司教様が真生会館の日曜講座シリーズで話された原稿を編集してまとめたものです。

司教様は大変多くの著作をわたしたちに残してくださいました。なぜこのように多くの著作を書かれたのか、ふと疑問に思いました。もちろん、雑誌の連載を依頼されて、そこで書かれたことを後に一冊の本になさったという場合もあるでしょうし、どなたかと対談されて、それが本になった場合もあり、また今回のように講座シリーズをまとめて本にしたものもあります。

では、なぜ連載や対談をお引き受けになったのでしょうか。一つには、聖霊による促しがあるでしょう。キリスト者として、多くの人を救いに招いておられるキリストの愛を多くの人に宣べ伝えるというこの義務を、司教様は著作活動において――これだけではありませんが――見事に果たされました。そして、もう一つは、司教様の個人的な体験が理由になっていると思われます。司教様は神学生時代にローマに留学されています。キリスト教国において森一弘神学生が感じた「違和感」は、日本におけるキリスト教受容とはどのようなものであるべきか、日本人にとってキリスト教信仰とは何か、あるいはもっと端的に言えば、日本人にとって神とはどのような方なのか、という、司教様が生涯をかけて追及されたテーマにつながりました。

そして、この問題に取り組まれるときに、司教様が目を向けざるを得なかったのが、日本社会と日本人をとりまく「闇」です。利益を最大限に追求する経済、それに付随する競争心や自己中心性、それらは家庭や学校に及び、暴力やいじめとなって現れ、「闇」を解きがたい仕方で構成しています。さらに、ネット社会の現在では、「闇」はますます深くなり、人の心を暗くし、支配しています。社会問題に対する森司教様の関心は非常に強く、ご著書の中で日本社会における多様かつ深刻な問題に言及されていない本はありません。森司教様が、こうした現実世界によって傷つけられた若者や大人に寄り添い、彼ら彼女らと対話を続けていらしたのは、隣人愛の実践であると同時に、「闇」と対峙するためだったと思います。

巨大に膨れ上がる「闇」を前にして、無力感を感じられることもあったと思います。しかし、森司教様は冷静にキリスト者としての識別力をもって「闇」を分析し、その正体を見極めようとされました。これは森司教様自身のキリスト教信仰をよりいっそう深いものにしたと思います。そして、司教様が見いだした答えは、次のようなものであったとわたしは考えています。「闇」は人間を絶望と孤独へと突き落とすものでありながら、同時にそれ自体が、わたしたちにとって「光」、すなわち、人の心をやさしく照らし、包み込む「あたたかい光」がいかに必要であるかを示すものです。そして、その光は決して人間によってもたらされるものではなく、復活されたキリストによってのみ、この世に与えられるものです。

さて、本書においても、「闇」について論じられています。ただ、本書を特徴づけるのは「いのち」と「死」というキリスト教にとって重要かつ根本的なテーマのもとに展開されていることです。森司教様は本書の最後を「聖霊」に関する論考で締めくくっておられます。聖霊はわたしたちにいのちを与えてくださいます。キリスト教が教える死、「終末」とはどのようなものでしょうか。この本をお読みになりながら、森司教様とご一緒にお考えいただければと思います。

２０２３年12月
東京大司教区補佐司教　真生会館理事長
レンボ・アンドレア

危険にさらされている「いのち」についての考察

今回の日曜講座シリーズのテーマは「いのち」についてです。「いのち」が危機にさらされているという認識からです。確かに現代世界の至る所で、「いのち」が危機にさらされている悲しい現実を目にします。

世界に目をやれば、国や民族間の対立や紛争の激化に伴う武力衝突、繰り返される都市への爆撃。負傷し、家族を失ったりして、人生を狂わされてしまう一般市民。その中には爆撃の下敷きになって「いのち」を奪われてしまう人もいます。また祖国を追われて、水も食料も事欠く難民キャンプの生活を強いられる人たちもいます。

そんな人々の数は、毎年数千万人になるといわれています。国や民族のメンツ・論理のために、実に多くのかけがえのない人の「いのち」が軽んじられたり、踏みつぶされたりしてしまっているのです。

また「いのち」を危機にさらす「環境汚染」の問題も無視できません。工場の排水の垂れ流しなどによる自然環境の破壊、それによって生息できなくなっていく生物や枯れ果てていく植物。さらにまた地球温暖化によってもたらされる生態系の変化や気候の変化も無視できません。

地震や津波、集中豪雨や河川の氾濫など、大自然がもたらす災害によって、家を流され途方に暮れる人もいれば、愛する家族や友人を失った人々は、人生の喜びを失い、深い悲しみに覆われることになります。

さらに、わたしたちの日常では、強盗殺人や交通事故や通り魔的な事故など、なんの理由もなしにわたしたちの日常の幸せを破壊してしまう恐ろしい事故も、絶えません。毎日のように、日本社会のどこかで、人の血が流され、「いのち」が奪われています。さらにまた、ものが豊かで表面的には華やかな社会においても、無視され、軽視され、生きる喜び、生きてきてよかったという思いを味わうことができない人々も少なくありません。貧困家庭に生まれたために、高校や大学などへの進学をあきらめざるを得ない人々や、心身の障害を抱えた人々、それに高齢者たちなどです。

こうした人々は、競争社会についていけず、片隅に追いやられて、肩身の狭い思いで日々を過ごすことになります。時には、心ない人たちから生きている価値がないと否定されるようなこともあり、「いのち」に恵まれながら、生きる意味も、喜びも味わうことができないままに生涯を終えてしまう人々は、実に少なくありません。

また、たとえ能力に恵まれていても、厳しいノルマが掲げられ、心を窒息させてしまうような徹底した管理が支配する世界の中で、ノルマ達成のためにエネルギーを消耗し、心身共に疲れ果て、中には鬱に覆われ、生きる喜びを失ってしまう人もいれば、挫折し、虚しさをかこつしかない人々も少なくありません。

どのような理由からであれ、「いのち」が危機にさらされれば、誰もが、悲鳴を上げ、もがき苦しみます。また怒りや憤りの声をあげる人もいるでしょうが、ただただ耐えるだけしかできない人々もいるでしょう。

実に、この世界の至るところで多くの「いのち」が叫びをあげている現実、どうすれば、希望を見いだすことができるのでしょうか。「いのち」のための希望の光が、どこにあるのか、ご一緒に考えてみたいと思いました。

まずは、「いのち」そのものをどのように捉えてよいのか、確認していくことから話を進めたいと思います。

1「命」と「いのち」の違い

「いのち」についてのとらえ方は人によってまちまちです。学者たちも、「いのち」

について的確な定義を与えられないでいます。そこで、このシリーズの初めにあたって、何よりも先に、「いのち」そのものが、どういうものであるかを確認して共通理解を深め、その上で特に人間の「いのち」を危機にさらす根本的な問題点を明らかにしてゆきたいと思います。

まずは、皆様方にお配りしたチラシとプログラムには、平仮名で「いのち」となっていることに注意して頂きたいと思います。漢字にしますと、「命」となりますが、このシリーズではあえて「いのち」と平仮名で統一いたしました。というのは、漢字で表す「命」と平仮名で表す「いのち」の意味が異なり、わたしたちがこのシリーズで光をあてたいと願った課題は、平仮名の「いのち」の方だと思うからです。

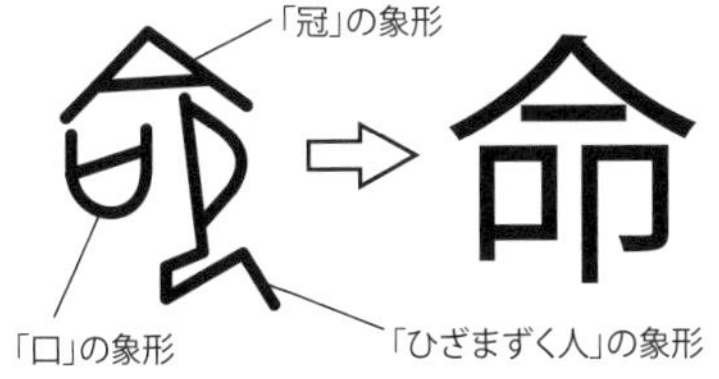

「冠」の象形と「口」の象形と「ひざまずく人」の象形から神意を聞く人を表し「いいつける」、「上の者から与えられた」命令を意味する

漢和辞典などでは、「命」という漢字の由来は、次のように説明されています。

「命」という漢字は、「王や君主が、人々を集めて、口で意向を表明し、伝える様」を表す象形文字で、その基本的な意味は、「神や君主が自らの意向を下位のものに表明することを意味し、それが転じて命令の意となった」と説明されております。「命令にしたがって」とか「天命を受けて」などの言い回しが、それです。

ところが、平仮名の「いのち」という音の語源をたどっていきますと、漢字の「命」とは異なる別の姿が見えてきます。

平仮名の「いのち」の語源についてのおおかたの説明は、次の通りです。

漢字文化が日本に入ってくる以前の縄文時代などの古代の日本語の研究をなさっている方々の説明によりますと、「いきる（生きる）」、「いきする」などの「いき」は、いずれも「吐く息、吸う息」の「息」と関係していると指摘されます。つまり、「いき（息）」から派生して、「いきる（生きる）」という表現が生まれたということです。

また「いのち」とは、もともとは「息の内」という意味だったようです。ちなみに、日本語では「死ぬ」とは、「死去《しい》ぬ」で、古代の人々は、「息が去っていく」ということを「死」ととらえており、「息」を「いのち」を計る物差しととらえ、「息」を「いのちを与える原動力」として理解していたということがわかります。

このような「いのち」の理解の仕方は、日本だけではなく、古代ギリシャの世界やヘブライの世界でも確認できます。

古代のギリシャ語では、息は「ψυχή(プシュケー)」。このことばは、後にキリスト教と結びついたときは、魂や心、さらには霊魂を意味するようになっていきますが、元をたどっていきますと、「息」になります。

ヘブライの世界では、「רוח(ルーアッハ)」になります。これは、ルールールーという空気の振動を現す擬音に由来します。空気の振動の最も素朴なものは、「息」とか「風」とかということになります。

この「(ルーアッハ)」は、日本語などでは「霊」と訳されてきましたが、ギリシャ語で記された聖書などでは「πνευμα(プネウマ)」という語があてられました。この「πνευμα(プネウマ)」は、「πνεω」を語源としており、その元々の意味は「大いなるものの息」という意味だったそうです。

「息」がある限り、人は生きているわけですから、ヘブライの世界もギリシャの世界も、「息」を「いのちを与える原動力」として捉えていたことは明らかです。

「息」をしなくなれば、人は死んでしまうわけですから、「いのち」を「息」と関連づけてとらえることは、わたしたちにとっては分かりやすく納得できるものであることは確かです。

創世記の2章には、神が、土の塵で形づくった人に息を吹きかけて、人は生きるものとなったと記されています。古代の人々には、現代のわたしたちとは違って、人間の「いのち」は、人間を超えた大いなる存在者の「息」によって与えられるものである、という直感があったということです。

それはともかくとして、問題は「息」をどう理解するかです。「息」という観点から「いのち」を理解していくことは、わかりやすいことなのですが、同時に限界があります。というのは、「息」そのものは、生物学的には、酸素を吸って吐きだす行為に過ぎないからです。「吸って、吐く」行為は生きているものにしかできないことですから、「息」よりも先に「いのち」があるということになります。つまり、生きていなければ、「息」はないわけですから、「息」が「いのち」の原動力ではないということになります。ですから、「息」という観点から「いのち」の全貌を理解していくことには、限界があるということになります。

「いのち」そのものの定義は困難ですので、「いのち」について理解を深めていくために、具体的にわたしたちの周りに見られる「生きているもの」と「生きていないもの」

の違いを観察し、その比較から話を進めていきたいと思います。

その比較から「生きているもの」の特徴、つまり表にあらわれる現象を確認し、改めて「いのち」の尊さ、素晴らしさと同時にそれを脅かしているものが何かを、明らかにしていきたいと思います。

2 「いのち」には設計者がいる

「生きているもの」と「単なるモノ」とを比べて目につく違いの一つは、「成長していく、いかない」「増殖していく、いかない」の違いです。

「生きているもの」は、必ず、自ら成長し、増殖してゆきます。この事実に光をあてていくと、「生きているもの」の背後には、神の働きがあるという、極めてキリスト教的な真理が明らかになってきます。つまり、「いのち」は、「何もの」かによって与えられたものだ、という真理です。

進化論によれば、「いのち」は、宇宙の誕生から始まった長い歳月をかけた事物の進化の途上で現れ、最初はアメーバやバクテリアなどのような単細胞、そして単細胞から爬虫類、爬虫類から鳥、鳥から哺乳類へ、哺乳類からサル、そして猿から人にまで進化してきた、人間はその進化のプロセスの最高峰にある、と説明されてきました。

このような進化論は、これまで多くの人々に抵抗もなく受け取られ、疑いの余地のない真理であるかのように思われてきましたが、しかし、遺伝子学が発展した今日、少なからぬ生物学者たちは、進化論に影響された結論に対して否定的な流れが生まれ、「いのち」の初めに人間の知性をはるかに超えた大きな存在がいるのではないかという結論にたどり着いています。つまり、遺伝子学が「いのち」の営みの神秘を明らかにしてくれたのです。以下のような推察からです。

すべての生きものは、細胞からなっております。その細胞の中に遺伝子があり、その細胞の中に核があります。その大きさは、わずか直径数μm（マイクロメートル）といわれています。その中にDNA（デオキシリボ核酸）が小さく折りたたまれて、収められています。その折りたたまれているものを開いてのばしていくと、その長さは約2mにもなるといわれます。

人間の場合、60兆個の細胞があるわけですから、その一つひとつの「細胞」の核の中にふくまれている「DNA」を延ばすと、全部で約1200億キロメートル、地球を300万周の長さになると言われています。DNAの長さだけでも、わたしたち人間の想像をはるかに超える長さということになります。

そのDNAの上に、遺伝子情報が刻まれているのです。その情報の量は、バクテリアのような最も単純な生物でも、引き出してみると、およそ1000ページからなる一冊の本にも相当するといわれております。単細胞でもそうなのですから、高度な構造を持つ生き物の遺伝子の量は、わたしたち人間の想像を遙かに超える量ということになります。

このDNAに刻まれ配列された遺伝子情報に基づいて、すべての生き物は、それぞれの営みを展開し、成長し、増殖していっているのです。

遺伝子学者たちは、小さな細胞の中のさらに小さな核の中に、秩序だって刻まれ並べられた遺伝子にそって、それぞれの生物がそれぞれの営みを展開していることに注目し、それは、偶然では説明できない、何らかの知性が働いていなければ理屈に合わない、という結論を導き出していくのです。

この結論を理解するためには、ビルの建築を依頼された設計士を思い浮かべてみればよいと思います。

設計士は熟慮し、まず用紙と向き合います。その用紙の上に、建物を建てるための設計図を書き込んでいきます。それに基づいて具体的に建築が始まります。

設計士は用紙と向き合います。設計士の前に置かれた用紙にあたるのが、DNAです。用紙の上に設計士が建物を建てるための詳細な図を描いていくように、DNAの上に遺伝子情報が刻まれていくのです。

建物は、設計士が完成した設計図にそって建てられていくように、生物は、DNAの上に刻まれた遺伝子に基づいて、それぞれの営みを始め、成長し、それぞれの子孫を生み出していくことになります。

植物は根を出し、地中から養分を汲み取り、やがて芽を出して、太陽の光からエネルギーを受け取り、ゆっくりと成長し、花を咲かせ、受粉し、次の世代を生み出していきます。動物や人間は、精子と卵子の結合からはじまり、細胞分裂を繰り返しながら、体の細胞、器官、臓器が作られ、時間をかけて成長し、次の世代を生み出していきます。

そうした営みのすべてが、遺伝子情報に基づいた営みだということです。その営みは、スカイツリーの建築などと比べようもないほど、複雑で精巧で緻密です。それは、スカイツリーなどは、決して増殖もせず、次の世代の分身となるものを生み出していくことはできませんが、生物は、成長し、次の世代を生み出していくのです。その仕組みを作り出しているのが遺伝子なのです。ＤＮＡの上に刻まれる遺伝子情報は、設計士が描く設計図よりもはるかに複雑で、精巧だということが分かります。

設計士は、優れた知性の持ち主です。設計士がいなければスカイツリーなどのビルが誕生しなかったというならば、それ以上に複雑で精巧な設計図ともいうべき遺伝子情報を刻みつけた知性の持ち主がいなければ、おかしいことになります。

つまり、遺伝子学の観点から、「いのち」の営みの根源に、人間の思いをはるかに超えた知性の持ち主を認めざるを得ないということです。キリスト教的な観点に立つと、それは、神ということになります。

一昔前の神学者たちは、大自然の素晴らしさやその中に存在する秩序の中にある知性の働きの痕跡から、それをもたらす究極の知性があると結論したのと同じように、現代の学者たちは、ＤＮＡの中に並べられた複雑な遺伝子の並び方から、その背後に人間の知性をはるかに超えた知性の存在を認めざるを得なくなってきているということとです。別のことばに言い換えれば、「いのち」は、人間をはるかに超えた神によって立てられた尊い存在だということです。

創世記には、「土の塵で形づくられたもの」に神が息を吹きかけると、「人は生きるものになった」と記されていますが、「いのち」は、豊かな「いのち」を生きている神によって与えられたものであるという古代の人々の直感は、正しいものだったということができます。

3　生きているものは、すべてオンリーワン

「いのちあるもの」といのちのない「単なるモノ」のもう一つの違いは、「いのちあるもの」は、みな個として存在している、いのちのないものにはスペアがあるという点の違いです。

生きているものは、すべて、「この人」「この猫」「この花」として存在しています。

どんなに小さなタンポポやスミレの花であっても、どれ一つとして、同じ花はありません。またペットの猫も、飼い主にとっては、他の猫とは全く違います。いなくなったからといって他の猫をもらってきても、飼い主は、慣れるまでは気持ちが落ち着かないでしょう。猫であっても、それぞれ全く個性があります。

「単なるモノ」には、スペアがあります。交換可能です。たとえば、一つの電球が切れてしまえば、別の電球を持ってくればそれで済みます。「単なるモノ」には、個性がないということです。

それぞれ生きているものは、一人の人間、一匹の犬、一本のバラの花という枠の中にくくることはできます。しかし、存在している限りは、どんなに小さな目立たない生き物であっても、個として存在しているのです。したがって、すべての「生きているもの」は、みな、世界でたった一つの存在、オンリーワンとしてそこに存在しているということができます。まさにそこに生きているものの本質的な特徴があります。わたしたち人間も同じです。一人一人がオンリーワンなのです。

ここにAさんがいるとします。人類が始まって以来、地球の上に、沢山の人が生まれてきていますが、このAさんと全く同じ人間は、一人も生まれてきていません。また今、この地球の上に70億近い人間が住んでいます。しかし、その中にも、Aさんと同じ人は一人もいません。

Aさんという人間は、地球の上でたった一人の「この人」であり、その人が失われてしまえば、人類は二度とAさんと全く同じ人と出会うことはできないのです。

ですから、世界でたった一人の人の「いのち」を脅かしたり、奪ったりしてしまうことは、他のどんな罪よりも大きく重い罪だというべきです。それは、人類から貴重な宝を奪うことと同じことになるからです。また二度と取り戻すことができないからです。

4　オンリーワンとしての「いのち」を脅かすもの

❶ 人間のエゴイズム

しかし、残念なことに、「いのち」を脅かし、危うくし、滅ぼしてしまう暴力は、至る所に潜み、至る所から表に吹き出し、わたしたち人間に苦しみや悲しみを与えてしまっているのです。その最たるものは、他ならぬわたしたちのエゴイズムです。

わたしたち人間の問題は、一人では生きていけないことにあります。周りの人と交わり、互いに助け合い、支え合わなければ、生きていけないのです。生きていくために、他の人の助け、支えを必要としているということです。ところが、わたしたち一人ひとりは、人の助けが必要であるにもかかわらず、周りの人の幸せよりも、自分の幸せを優先してしまう傾きをもってしまっているのです。別のことばに言い換えれば、わたしたち一人ひとりは、よい意味でも悪い意味でも、エゴイストなのです。

よい意味でとは、それは、オンリーワンとしての自分の「いのち」を大事に育てていこうとする本能といえるからです。その本能のお陰で、わたしたち一人ひとりは、自らの「いのち」を守り育て、厳しい人生を全うすることができるのです。

悪い意味でとは、自分の「いのち」の充実を求めた言動が、周りの人を傷つけたり脅かしたり、その「いのち」を奪ったりするということにつながっていってしまうからです。

お金欲しさに他人の家や店に押し入ったりして、人の「いのち」を奪ってしまう事件も、親の押しつけに堪えかねて親に暴力を振るい、親を殺してしまうという子どもたちの悲しい事件も、年老いたパートナーや親の介護に疲れ果て、その「いのち」を奪ってしまうという悲惨な事件も、その根は、自分の幸せ、安寧、充足を優先しようとするそれぞれの願望にあります。

実にわたしたちは、周りの人に対して、天使にもなり得ますが、同時に悪魔にもなり得るのです。「いのち」にとって、最も身近で危険な存在は、わたしたち人間だといっても言い過ぎではないでしょう。

聖書には、自分が認められなかったために、弟の「いのち」を奪ってしまったカインの物語が記されていますが、わたしたちには、いつでもカインになってしまう可能性が潜んでいるのです。自分が否定されることに敏感なのです。

❷ 国家・民族の論理

現代社会には、人の「いのち」を傷つけたり殺《あや》めたりすることに対しては、法による歯止めがありますが、人を傷つけても殺めても裁かれない、それどころか、それを正当化し、称えてしまう論理が、今日の世界でも生きています。それは、国家と民族の論理です。

わたしたちは、自らが属する国家や民族から大きな支え、恩恵を受けていることは事実ですが、しかし、その一方で国家・民族には、利害が対立する相手国や民族に対して容赦なく暴力を振るってしまうという恐ろしい側面があります。普通の市民生活の中では、人を殺せば裁判にかけられます。ところが、国レベル、民族レベルになると、国のため、民族のためという理由で、人の「いのち」を奪うことが正当化されてしまうのです。

国際レベルの司法は、機関として形の上では整っていても、さまざまな壁に妨げられて、その機能を果たすことができないでいます。国家・民族レベルでの「いのち」に対する暴力、そして破壊行為に対する効果的な歯止めが確立されていないのです。

国の指導者たちは、愛国心や民族愛で人々をあおり、武器を与えて戦場に送り出します。送り出される兵士たちは、かけがえのないオンリーワンでなく、愛国心という旗の下に国という巨大な組織のひとつの駒にされ、国の発展の論理に操られてしまうことになるのです。

戦場に送られた一人ひとりは、そこで一回限りの尊い自らの「いのち」を危険にさらすことになります。また敵対する国や民族の一人というだけで、尊い人間の「いのち」を奪っていくことになります。

歴史を振り返るとき、地球が誕生して以来、戦争や紛争がなかった年はほとんどなかったといわれます。実に、国家と民族の名で人生を狂わされ、その「いのち」が踏みにじられてしまった人々の数は、膨大です。その「いのち」を冷酷に奪ってしまう最強の加害者は、国家や民族といっても言い過ぎではないでしょう。

一人ひとりの「いのち」は、国よりも民族よりも尊いものであるということは、決しておろそかにされてはならない真理です。

❸ 資本主義システムの論理

さらにもう一つ、現代社会にあって、人の「いのち」の尊さを侵し、軽んじてしまうものに、「経済の論理」があります。その論理が、職場、企業、社会の営みの隅々にまで浸透し、お金のないものや能力のない人は、無視されたり差別されたり、排除されたりするようになってしまっているのです。

今や、どの職場も、利益を求めて高いノルマをかかげ、厳しい管理が徹底した組織になっています。ひとたび就職すると、わたしたちはその中の一つの歯車としてそこに組み込まれ、そこで人は、組織のために役立つ存在かどうかで評価され、役に立たないとみなされれば、窓際に追いやられたり解雇されたりして、人はいつ差別され、いつ排除されるか分からない不安定さを抱えて、職場に足を運んでいるのです。排除されないため、人は、必死で働きます。しかし、組織の歯車として、厳しいノルマを課せられながら働くことは、容易なことではありません。多くの人が、職場で精力を使い果たし、精神的な余裕を失い、人間としての輝きを失っていきます。中には、心が窒息し、鬱になってしまう人たちも、少なくありません。働く人の六人に一人、あるいは五人の一人が、鬱に覆われてしまっているというデータもあります。

また、それは、家族にも弊害をもたらします。職場でエネルギーを燃焼し、職場でくたくたになってしまいますから、家に戻っても、家族と心を開いて向き合っていく心の余裕を失っています。家族の交わりは希薄になり、その絆は弱まり、家族の間にあっても、それぞれ孤独にむしばまれるようになってしまっています。

それでも、人は、職を求め、働き続けます。それは、生きていくためであり、生活をしていくためであり、家族を支えるためです。お金が万能になってしまった社会では、収入がなければ、生きていけないし、快適な生活を送ることもできないからです。またお金がなければ、相手にされず、無視されてしまうという現実があるからです。

経済の発展は、物が豊かで便利で快適な生活をもたらしましたが、その反面、お金万能の社会を生みだし、人を能力の有無で、お金の有無で、尊い人間を差別し、排除してしまう社会を生みだしてしまったのです。

経済的に豊かさを必死になって追い求める、便利で快適な社会の営みの中に、人の「いのち」を危うくしてしまうものが潜んでいることも、軽々しく見過ごされてはならないことだと思います。

❹ 宗教団体の論理

さらにまた宗教団体にも、一人ひとりの人間のかけがえのなさを軽んじ、否定してしまう論理が潜んでいることにも触れておきたいと思います。崇高な教義を掲げて、その枠に当てはまらない人を軽んじ、否定してしまう論理です。それは、どの宗教団体にも潜んでいるものです。それは、キリスト教の世界にも指摘できます。他の宗教団体のことは分かりませんが、カトリック教会も例外ではありません。これまでの歴史を振り返るとき、カトリック教会にも教義を盾にして、教義に反する人々を厳しく断罪し、冷酷に排除してきた過去があります。今もそうした過去から抜けきることができず、人を裁き、断罪してしまっている厳しさ、冷たさがないとはいえません。

十字軍の時代には、聖地奪還を口実に、聖地に向かって行く途上に住む人々をイスラム教徒というだけで弾圧したり、「いのち」を奪ったりという残虐行為がありました。また教会分裂の時代には、厳しい異端審問制度を設け、他の教派の人々を殺戮《さつりく》したり、異端と思われる人を極刑に課してしまったりしてきた過去もあります。また、掟に沿って生きることができない人々を厳しく裁いてきてしまった過去もあります。

現教皇フランシスコは、教義を大上段に振りかざして、裁き手として振る舞ってきた教会の過去を振り返りながら、「教会は、道徳に関する教義を気に病むべきではなく、傷を負った人々に気を配る野戦病院のようでなければならない」（２０１３年インタビュー」と発言し、「同性愛者の人には、教会は許しをこわねばならない」とまで語っています。その根底にあるものは、教義の枠を超えた人間一人ひとりが、限りなく尊い存在であるという確信です。

それはキリスト教の原点にあるものです。その生涯をかけてキリストが訴え守ろうとしたものは、実に「いのち」の尊さ、かけがえのなさだったといっても言い過ぎではないでしょう。

人間一人ひとりがどんなに大切な存在かということを伝えるキリストのことばは、福音書の至るところに記されています。その一つを紹介いたします。

「わたしを信じるこれらの小さな者の一人をつまずかせる者は、大きな石臼を首にかけられて、深い海に沈められる方がましである。」（マタイ18・6）「わたしを信じるこれらの小さな者」とは、社会の片隅におかれて周りの人たちから蔑視されたり、差別されたりしている人々と理解してよいと思います。そうした人々を差別したり、排除したりしようとするものは、海に沈められた方がよいとキリストは言っているわけです。非常に強い表現ですが、そこに、人間一人ひとりを大切にしなければならないというキリストの思いを読み取ることができます。

次に紹介することばは、神そのものが、人間一人ひとりを親のような心で見守っていることを伝えることばです。

「これらの小さな者が一人でも滅びることは、天の父のみ心ではない」（マタイ18・14）これもキリストのことばです。キリスト教だけでなく、どの宗教団体も、それぞれの教義、定めを絶対化して、たとえ、その枠にはまらないからといって、かけがえのない人間を差別したり排除したりするようなことはあってはならないことです。

むすび　「いのち」を守るために求められる　わたしたち自身へのチャレンジ

「いのち」を与えられた存在が、生の営みを始め、順調に成長していくためにふさわしい受け皿が必要です。受け皿がふさわしくないと、「いのち」そのものの存続が危うくなってしまうからです。

「いのち」の受け皿に関して、ふさわしいたとえ話が聖書にあります。キリストが弟子たちに向けて語った「地面に落ちた種」のたとえ話です。

道端に落ちた種、石地に落ちた種、茨の中に落ちた種、良い土に落ちた種。キリストは、同じ種であっても落ちた場所によって、その後の種の運命・成長が変わってしまうと警告するのです。

ある種は道端に落ちます。地面が固いために根を下ろすことができず、鳥についばまれたり、人に踏まれたりして、死んでしまう種です。石地に落ちた種は、根を下ろすことができますが、根が浅いため、太陽が昇ると焼けて枯れてしまいます。茨の間に落ちた種は、茨も一緒に伸びて茨にふさがれて窒息してしまう種です。良い土に落ちた種は、根を深く下ろし、養分を十分に吸い取り、百倍、六十倍、三十倍の実を結ぶというたとえ話です。

このたとえ話の「種」に当たるものは、「いのち」と理解することもできます。「いのち」は、「いのち」として育っていくためにふさわしい大地、つまり受け皿が求められます。

しかし、この世界の現実は、「いのち」の生存を許さない荒野のような状態になってしまって、「いのち」に対して必ずしもふさわしい大地になっていないのです。

まずは、環境破壊の問題があります。その上、紛争や戦争が絶えず繰り返されています。そして、人の「いのち」を育む家族も今やその本来の力を失いつつあります。

しかしそのいずれも、その大半の責任はわたしたち人間にあります。この世界を「いのち」にとってふさわしい受け皿にしていくために、わたしたち自身が自らを反省し、わたしたち自身が変わっていかなければならないのです。わたしたち一人ひとりの力は無力ですが、わたしたち一人ひとりがチャレンジしていかなければならないのです。わたしたち一人ひとりが、それぞれの生き方、考え方を抜本的に変えていかなければならないのです。

まずは求められるのは、「いのち」の生存を危うくしてしまう環境破壊に対するわたしたちの姿勢です。汚染された土地では、生物は生きていくことが難しくなってしまうからです。そのために、わたしたちの日常の生きる姿勢を変えていかなければならないのです。

産業革命以降、世界各地で環境破壊が著しく進み、そのお陰で絶滅してしまった動・植物の数は、限りがありません。わたしたちが廃棄するゴミや工場が垂れ流す汚水によって環境を汚染し、「いのちあるもの」が生きていくことを難しくしてしまったことは事実です。

わたしたちの身近な例としては、水俣病の例をあげることができます。水俣では、窒素工場が垂れ流した排水によって魚の「いのち」は侵され、それを口にした多くの人々の健康が損なわれ、今もって多くの人がその後遺症に苦しんでおります。さらにまた、オゾン層の破棄や地球温暖化をもたらしたのも、わたしたち人間の責任です。

こうした環境破壊をもたらす責任は、実はわたしたちの生き方にあります。ものを大量に生産し、安く売り、人々の生活を便利で快適にするという資本主義経済のシステムにどっぷりと浸り、目先の幸せを求めて躍起となってしまっているからです。それが、結果としては地球環境を破壊、「いのち」を危うくさせてしまう世界をもたらしてしまっているからです。

また、「いのち」を危うくさせてしまう紛争や戦争も、わたしたちの責任です。それはまた、政治、そして政府の責任でもあり、その直接的な責任は統治者や指導者たちにありますが、そうした指導者たちを選出してしまっているのは、わたしたち一人ひとりなのです。

わたしたちが属している国が、戦争という酷い破壊行為に走っていかないように、そして国よりも民族よりも、人間一人ひとりの「いのち」は尊いという価値観を浸透させていくためにも、政治に無関心でいることは、許されないことです。人間一人ひとりの「いのち」を守るという視点に立って国のありように目を配り、政治に関わっていくことが求められます。

「いのち」の温床は、家庭です。家族のあたたかな関わりであり絆に守られながら、一人ひとりは人生の旅を歩んでいます。家族が不安定になると、土台が崩れ、その人生は揺らぎ、せっかくの「いのち」が、与えられた可能性を豊かに活性化させていくことはできなくなります。

残念なことに多くの家庭が、厳しい競争社会のシステムに蝕まれ、家庭の機能を失いつつあります。尊い「いのち」を守るためには、家庭のありようにもチャレンジしていく必要があります。家族のため働かざるを得ないことは認めながらも、しかし、そのために家族との関わりをなおざりにして、家族の絆を弱め、結果として一人ひとりの心を不安定にしてしまうことになってしまえば、本末転倒です。何よりも優先すべきことは、かけがえのない尊い「いのち」を守り、育てていくことです。

世界全体を見渡し、耳を澄ませば、至るところから、無視されたり差別されたり排除されたり、不浄な暴力などを受けたりした「いのち」の悲しい叫びが聞こえてきます。

そうした叫びに応えていくためにも、この世界の全ての営みを、「いのち」の尊さ、かけがえのなさに軸足を置いた営みに転換していくための真摯な努力が必要です。

死のかなたに何があるのか、
虚無か、いのちの輝きか

講座シリーズの今回のテーマは、「死を想う」です。

「死を想う」。これは、元々はラテン語の「メメント・モリ」の日本語訳です。「メメント・モリ（Memento Mori）」は、ヨーロッパの教会の歴史の中では、「自分もいつか死ぬことになる。そのことを、常に念頭に置きながら生きなさい」という警句、人生訓として理解され、受け継がれてきたものです。

しかし、そのもとをたどっていきますと、必ずしもキリスト教由来のものでなく、すでにそれ以前のローマ社会にあったといわれております。

古代ローマで戦いに勝利した将軍が凱旋《がいせん》パレードを行う際、「今日はよくても、明日はどうなるか分からない。もしかしたら、敗者になるかも知れないから気を抜くな、油断するな」と、部下たちを鼓舞するためのものだった、といわれています。別のことばに言い換えれば、「勝ってかぶとの緒を締めよ」になります。「いい気になって、油断をすれば、たちどころに敗者の運命をたどることになる。そこに、死が、滅びが、待っている」という警句だったようです。死そのものを直視するということよりも、今の成功、勝利を失うことのないように、という戒めだったということになります。

ところが、その後、ヨーロッパがすっかりキリスト教化され、神が絶対的な存在として社会の隅々に浸透していくにしたがって、神を中心にした人生を育てていくために、この世は所詮むなしいものだから、この世にしがみついたり、執着したりしてはいけない、常に死ぬことを念頭に置いていきなさい、という点にアクセントを置いた人生訓として理解されるようになっていきます。

死は、例外なくすべての人に、平等に訪れてきます。死を迎える人間は、みな、裸のまま神の前に立つということになります。神の前では、富も地位も権力も関係ありません。もし、そこでこの世界の中の幸せ、楽しみにしがみついたり、執着したりしていれば、神の世界に受け入れてもらえず、結果としては、本来の自分の幸せを得ることができないということになります。

こうして中世以降のヨーロッパ社会では、「死そのもの」が、人生のむなしさ、はかなさの究極のシンボルとして受け止められ、「死を意識しながら、ひたすら神に向かって生きる」という生き方が、最も望ましい、最も尊い生き方として評価されるようになっていきました。

その昔、ローマの古い教会を訪ねたとき、その教会の内陣の壁に、都会を離れ、荒野に身を投じて修行する痩せこけた隠修士をモチーフに描いた絵を見た覚えがあります。その絵の中心は無論ひざまずいて祈る隠修士ですが、その足元に骸骨が描かれており、その下にはっきりと「メメント・モリ」と記されておりました。その骸骨は、隠修士が背後に捨ててきた、むなしい世界の象徴そのものです。

ヨーロッパのキリスト教の活力にともなってきた修道生活も、無論「メメント・モリ」一色になり、その土台の上に発展したといっても過言ではありません。

わたしがかつて所属しておりましたカルメル会では、修道院の食堂の院長席のテーブルの下には、普段、見えないように頭蓋骨が置かれており、キリストの死を記念する金曜日や四旬節には、その頭蓋骨が、皆の前にはっきりと置かれるという習慣がありました。修道士たちは、頭蓋骨を見ながら、黙々と食事をするという習慣がありました。食事に執着するなという意味です。

食堂の壁には、「Ad Mensam sicut ad Crucem Ad Crucem sicut ad Mensam」（食卓に向かうときは、十字架に向き合うような気持ちで、十字架と向き合うときは（苦しいことがあるときは）、食卓に着くような気持ちで、その苦しいことに向き合いなさい）というような意味になります。

こうした修道者たちの生き方は、信者たちの究極の理想とされましたが、時代が変わった今日にあっては、「メメント・モリ」を声高々に叫ぶ者は、修道者たちの中でもまれになりました。それでも完全に消え去ってしまったわけではなく、ひっそりと受け継がれており、灰の水曜日の儀式・典礼の中などには表面に出てきます。

その儀式の中で、司祭は信者の額に灰を注ぎながら、「人は、土からとられたのだから、土に帰ることを覚えるべし」とことばをかけていきます。それも中世期以降の伝統的な人生観の名残といえます。

しかし、現代のカトリック教会において、「メメント・モリ」の呼びかけは力を失い、その精神に沿って死と向き合い、死について考える人は、ほとんどいないのではないかと思います。

その根本的な理由は、社会全体の仕組みが変わり、神を中心とした世界観とは、全く異なる世界観が社会全体に浸透し、修道者たちも信者たちも、その影響を受けて生きざるを得なくなってしまったことにあります。

今日ここにおいでになられた方々は、死をどのように捉え、死とどのように向きあっておられるでしょうか。今日、ここでわたしは、「メメント・モリ」という呼びかけが説得力を失ってしまった今、現代の人々が、どのように死と向き合っているのか、あるいは向き合おうとしているか、そして死を超えていく道があるのかどうかなどについて、お話ししてみたいと思っております。

しかし、現代の人々の死との向き合い方を理解するためには、その前に、どのような事情から、社会の中から神の影響力が失われてしまったのか、確認してみたいと思います。背景が分かるとき、現代のわたしたちが、どのような心で死と向き合おうとしているのか、あるいはまた、どのように向き合ったらよいのか、よりはっきりと見えてくるように思えるからです。

1 社会の営みから神が消え去ってしまった?

「メメント・モリ」の呼びかけが説得力を失ってしまった要因の一つは、神の存在が曖昧なものになってしまったことにあります。それをもたらしたものは、合理主義・実証主義です。それが、歴史の上に明確な形となってあらわれたのは、十六世紀のデカルトの登場からです。それまでは、教会が絶対的な権威をもって社会をリードしており、個人は教会の指導を信じ、教会が伝える教義に関しては無論のこと、神が存在することに関しても、疑いを抱くことは一切許されない時代でした。

そうした時代に登場してきたデカルトは、信じる前に、徹底的に疑い、自分で納得するまで考え、確認していくことを呼びかけたのです。

このデカルトの合理主義が徐々に人々の心に浸透して、それまでその存在について疑うことが絶対に許されなかった、神の存在に対する人々の確信は揺らぎ始めます。

確かに、理性の説得力には限界があります。わたしたちの理性は、神は存在しているということもできますが、また存在しない、ということもできます。また、存在しているといわれても、納得できない人は、多いのではないかと思います。それも、それぞれの人間の理性の働きの成熟度が異なるからです。

目に見えない存在に関して、説得力ある証明は実験です。実験で証明できれば、多くの人が納得します。しかし、神の存在は、残念ながら実験では証明できません。

デカルトの合理主義をさらに支えたのが、ガリレオに代表される実証主義の台頭です。ガリレオが登場し、目で、五感で、確認することの重要性が人々の間で共有されるようになり、実験と観察で確かめられるものこそ真実のもので、実験で確かめられないものは信じられないという考え方が、人々の心の奥に深く浸透して、人々の教会離れ、キリスト教離れが進行し、やがて「神は死んだ」とか、「神は無用な存在だ」というニーチェに代表されるような哲学者たちまで登場し、人々の日々の営みにおける神の影響力は完全に消滅してしまっていったのです。それが今日の世界です。

その流れを加速したものが、産業革命以降の社会の流れです。産業革命以降の文明がわたしたちにもたらしたものは、ものが豊かで、より便利で、より快適な生活です。それまでは、貴族や王たちなど特別な身分の人々にしか手に入れることができなかったものが、大量に造られ、安く手に入るようになって、生活ははるかに向上し、人々の求めるものが、何よりも生活の向上、そしてモノによる幸せに変わっていきます。

人々のモノに対する依存度は、資本主義経済の進展とともに、ますます深まり、企業が日々新たに生み出し提供してくれるものにますます貪欲になり、わたしたちは、モノによる幸せ、豊かさ、楽しさを求めて日々駆り立てられるようになっています。

さらにまた、現代の科学技術の進歩・発展が速いこともあって、誰もがそれに乗り遅れまいと必死になり、ほとんどの人がゆとりのない人生を送るようになっていることも見逃せません。働けば、そして努力し続ければ、報われ、安定した幸せな生活をかち得ることができるだろうという淡い期待に駆られてのことです。その結果、現代社会における人間の精神が空洞化していることも、見逃せない事実です。

こうしたモノによる幸せを最優先にした社会の激しい流れの中にあって、病、老い、そして死は、幸せ願望の妨げとなるもの以外の何ものでもなくなってしまいました。病人やお年寄りは、社会の活力ある発展のためには、邪魔で煩わしいとみなされるようになり、社会の営みの中心から外され、病院や施設に送られ、そこで生を終えるということが常態化されてしまいました。

一昔前の時代でしたら、病人やお年寄りたちは、家族に見守られながら、息を引き取っていきましたし、家族も息を引き取るまで寄り添い続けようとしてきました。そうすることで、人々は、病み、老いていく家族のプロセスに、丁寧に寄り添うことによって、老いや死と真正面から向き合い、それをきっかけに人生を深く考えていくことができていたのですが、しかし、現代人は、お年寄りや病人を病院や施設の中に送りこむことによって、死を真正面から見つめ、受け取っていく機会も失ってしまったのです。

実に現代のわたしたちにとって、「死はいつか克服されるであろう」という対象でしかなく、ＩＰＳ細胞などによる再生医療や遺伝子操作などに代表されるような生命科学の進歩に期待し、「死から目をそらした」文明の発展を願い、育ててきてしまっているのです。

2　死を自分の人生に取り込んでしまう人々

確かに、病はいずれ、医学の進歩によって徐々に克服されていくことになるでしょう。人々の寿命も伸びていくことになるでしょうが、しかし、大自然による災害や事故をみても分かりますように、死そのものを克服することは、わたしたち人間には絶対不可能です。

それにもかかわらず、現代のわたしたちは、死から目をそらした文明を育て、死から目をそらしながら生きようとしているのです。

しかし、現代社会の中にあって、一方で、死から目をそらすことができなくなってしまう人々や、自らの人生に積極的に死を招き寄せようとする人々が少なからずおります。それは、無視することができない現実になっていることも確かです。それは、社会の営みの外に置かれるようになった高齢者たちと、自ら死を積極的に願い求める人々です。

最初に、自ら死を積極的に招こうとする人々を取り上げ、どのような思いで、死と向きあおうとしているのか、明らかにしてみたいと思います。

２０１６年、日本財団が、自殺についてした調査報告書があります。４万人を対象にした調査で、その結果は「日本財団自殺意識調査２０１６」として公に報告されています。

その報告書によりますと、現代日本社会で「本気で自殺を考えている人」は25％強、つまり４人に１人が本気で自殺を考えているということになります。

また未遂に終わった人は、推計と断りながら、自殺者の約20倍、つまり約53万人（男性26万４０００人、女性27万１０００人）と指摘し、しかもその内、女性の４９・０％、男性の３７・１％が年に4回以上自殺を繰り返していると付け加えています。

この報告書から、大半の人が死から目をそらしながら生きようとしている社会にあって、死を自分の人生に積極的に招き寄せようとしている人々が多い、ということが分かります。

さらにまた、我が子がいのちを絶ってしまった親たちや、親しい友人がいのちを絶ってしまった人たちのほとんどが、その後、その悲しく痛ましい出来事から目をそらすことができなくなり、その心の奥で親しい人の死の傷みを抱えながら日々を過ごすことになってしまうことも、見過ごせません。一人の自殺者には家族を含めて最低5・6人の人がつながっていると考えると、何らかの形で死の影に覆われながら、死から目をそらすことができなくなっている人々が、わたしたちが想像する以上に実に多いということになります。

しかし、こうした人々には、これまでのような、この世のむなしさを強調する「メメント・モリ」の呼びかけは説得力がありません。というのは、死を積極的に自らの人生に取り込もうとしているからであり、家族や友人たちの自死を体験してしまった人々の心の奥には目をそらすことができないような形で死が刻まれ、人生の一部になってしまっているからです。

死から目をそらそうとする文明が中心となった現代社会にあって、なぜ、多くの人が、死を自ら招き寄せようとするのか、その心の中にどのような葛藤、闘いがあるのか、死を招き寄せるまでの心の中の仕組みを確認してみる必要があります。死を願い求める仕組み、動機が明らかになれば、死を超えていく道も見えてくるかもしれないのです。

3　なぜ、死を選び、決断するのか

自ら死を選び、決断してしまう動機、理由について、人間不信、家庭問題、経済問題、仕事の問題、そして健康問題などであることに、わたしは異を唱えるつもりは毛頭ありませんが、しかし、それでよしとしてしまうと、死を選ばざるをえない状況に追い詰められていく一人ひとりの人間の心の仕組み、ありようが、具体的に見えてきません。

そこで、わたしは、具体例をあげながら、自ら死を決断する人が、どのような心の状態にあり、そこで何が欠けており、何を求めようとしているか、その心のありようを明らかにして、死と向き合う現代人の姿に迫ってみたいと思います。

具体例を挙げますが、プライバシー保護のため、少し脚色しておりますので、ご了承ください。

A子さんの場合

一つ目の例は、高校卒業式の前日にいのちを絶ってしまった18歳の少女A子さんの例です。ここで紹介する文章は、彼女が残した日記に書かれていたものです。中学生の頃に書かれたものと思われます。

「死にたい、死にたい」。

文面から明らかなように、A子さんは、死から目をそらすのではなく、死を直接願っています。

自殺の直接のきっかけは、卒業を明日に控えた前日の卒業式の練習が終わった直後、心ない友人の「あなたは卒業する資格がない。お情けで卒業するのだから」という一言でした。それまで堪えていた心が折れ、学校帰りに海に飛び込んでしまったのです。母親の話からA子さんの痛ましいそれまでの姿が浮かびあがってきました。

まず、それまでのA子さんを苦しめたものに摂食障害があります。小学生のころから、痩せ細ったために、仲間はずれにされたり、いじめられたりしています。そのいじめは中学になっても続き、学校を休みがちになり、その結果授業にもついていけなくなり、つらいことがある度にリストカットを繰り返すようになります。

大学まで行かせたいという父親のたっての願いで、多額の寄付を条件に、私立の高校に入学します。しかし、そこでも学校に行ったり行かなかったり。卒業単位、出席日数のたりない彼女を、担任が彼女を支え、なんとか卒業できるように計らってくれていたのですが、卒業式の練習の終わった直後の、心ない友人の一言で、ついに心が崩れ、家の近くの公園にかばんと遺書を置いて、そのまま海に飛び込んでしまったというわけです。

潮に流され、発見されたのは三日後。水膨れした姿は、見るに堪えられなかったといいます。葬式などすべてが片づいた後、官庁に勤めていた父親は、社会的な体裁・メンツが潰されたと混乱し、娘の自殺は母親の教育が悪かったからと一方的に妻を責めます。誰にも相談できなかった母親が、思いあまってわたしのところに訪ねてきたというわけです。

彼女も、当初は娘を責め続ける日々だったと言います。「なぜ、親を苦しめるようなことをしたのか」と。しかし、やがて、娘の部屋を整理していくうちに娘の日記を発見し、読み進んでいくうちに、母親は、自分たちが原因となっていたことを知ることになります。

それは、娘が、まだ三歳の頃、真夜中にした派手な夫婦喧嘩だったといいます。大声で怒鳴り合う両親の声で目覚めたA子さんは、普段とは違う異様な雰囲気に不安になり、激しく泣きじゃくります。泣きじゃくる娘に、母親が、「あなたがいるから別れることができない」と感情的にぶつけてしまったというのです。そのことばがA子さんの心に深く突き刺さります。

母親は、その日記から、その後、娘が母親を悲しませまい、母親の負担になってはいけないと気を遣い、甘えることも極力我慢し、よい子になろうとし続けていたことが分かってきます。

子どもにとっては、親、特に母親は、世界のすべてです。その母親を失ってしまったら、子どもは世界を失うことにつながっていきます。A子さんは、無意識のうちに、母親を失うまいと心がけ、気を遣い続けるようになってしまった、別のことばに言い換えれば、常に母親の顔色をうかがい、母親の期待に応えようと、神経を集中しながら、日々を送ることになっていたのです。

しかし、A子さんの心の奥には、無条件で、包み込んでもらいたいという飢え渇きがあります。それは、心をもった人間の根源的な飢え渇きともいうべきものです。その渇きに満たされ、包まれることによって、わたしたち人間は落ち着き、そこから生きていくための根源的な力、支えを見いだしていくのです。それが生きていくための根本的な土台ともなります。

A子さんには、それが欠けてしまっていたのです。包まれたい、無条件で抱きしめられたいという飢え渇きを極力抑え、母親を困らせない、母親の負担にならないよい子になろうと徹してしまったため、心の土台がないままに日々を生きて、疲れ切り、現実に対応できず、自分を支え切れなくなってしまったのです。

よい子になろうとつとめることはDoing（すること）の世界のことです。努力の世界です。無条件で、あたたかく包まれる、それは、Being（存在）の世界のことです。それは、交わりの世界です。

A子さんの問題は、Beingの世界の土台が欠けたまま成長したため、現実の世界の厳しさ、残酷さに堪えられなくなったのです。

世界の厳しさ、残酷さとは、A子さんの場合には、学校のカリキュラムにそって授業を進めるシステムと集団教育の厳しさ、そして、人の痛みが分からず、いじめたりして自分たちの欲求不満を解消しようとする同級生たちの攻撃性などです。もし、A子さんのBeingがあたたかく包まれ、支えられていれば、学校の厳しさ、仲間たちの残酷さを、乗り越えることができたかもしれません。

A子さんの自殺は、土台のないままに生きてきたA子さんのBeingが、現実に堪えられなくなって、とにもかくにも楽になりたいという願いから選び決断されたものと理解できます。

B夫さんの場合

もう一つの例を挙げましょう。40代後半のB夫さんです。大学卒業後、製薬会社に務め、営業一筋に残業も厭わずに、会社一筋に生きてきた真面目な男性です。二人の子どもがおり、一人は、大学四年、次男は大学一年。本人自身も数年前に役職につき、仕事も家庭も落ち着き始めた時期のことでした。

ある日、いつも通り出勤したB夫さんは、朝一番で人事部の上司に呼ばれ、やんわりと来年三月の退職を勧められます。会社の財政的な事情をよく知るB夫さんは、強く言い返すこともできず承諾。しかし、部署に戻ってみると、同じように退職を勧められた者が、他にも数名いることが分かります。それも、会社一筋に生きてきた、中年の給料の比較的高い者ばかりでした。

その日、退職を勧められた者たちだけで誘い合って飲みにいきます。鬱憤晴らしでした。二次会、三次会と重ねていくうちに、酒の勢いもあって経営者たちへの不満がエスカレートし、B夫さんも、興奮し、それまで抑えていた会社への不満と上司に対する怒りが爆発し、抗議するといって、店のビルの屋上に行き、屋上から飛び降り自殺を試みてしまったのです。

幸い、ビルの周りに植えてあった植物がクッションになって、いのちを取り留めますが、腰は複雑骨折。救急車で病院に運ばれ、大手術。数か月にわたるリハビリが始まります。事情を知った上司たちは、見舞いに来ますが、それで終わり。同僚たちの足も徐々に遠のいていきます。

そんなある日、話したいことがある、という妻から、いきなり厳しく詰問されます。「解雇を言い渡されたことのつらさは分かる、しかし、それを、20数年も一緒に生きてきたわたしや子どもたちにも相談せず、自らいのちを絶とうとしたことは納得できない。妻として、自分は意味のない存在だった、と否定されたように思えてしまった。あなたにとって、わたしや家族は、何だったのか」と。

その場では、B夫さんは応えることができなかったといいます。その後、もんもんと考えている内に、自分の傍らにいつまでも残ってくれているものが、妻と子どもたちだけであることに気がついていきます。

会社はいざとなったら冷たく、仲間たちも日を追うにしたがって、それぞれ我が道を歩んでいきます。ところが、妻たちは、自分を見捨てず、寄り添ってくれています。

そのことにB夫さんは改めて気づいていったのです。

実に、職場での人と人とのつながりは、基本的にはDoing、つまり能力、役に立つか立たないかを土台にしたものであり、家族は、能力があろうがあるまいが、互いにかけがえのない貴重な存在であるという認識の上に、病気のときも健康のときも、逆境のときも順境のときも、無条件で包み合い、あたため合い、支え合うBeingの次元の交わりを基本とする共同体です。Beingの次元での人と人との交わりは、人間を支え、人間に希望を与えるものである、という事実にB夫さんは気がついていくのです。

もし、そのことに日頃から気がついていれば、B夫さんは、死を積極的に招き寄せるようなことなどはしなかったといえます。実にこのBeingのレベルでの人との交わりが、死を乗り越える力を与えていることが分かります。それが究極には何か、さらにC子さんの例で説明したいと思います。

C子さんの場合

C子さんは、20代後半の女性です。わたしが彼女に出会ったのは、若い青年たちを対象に、「若者の生き方」をテーマにした二泊三日の研修合宿のときでした。三十名近くの若者が参加しておりました。

二日目の午後の分かち合いのときのことでした。彼女は皆の前で、これが自分の生きてきた歴史ですと断りながら、腕をまくり上げ、リストカットの痕を皆に見せたのです。腕にはカミソリで切った痕が十数本近くもあり、中には深く切りすぎて、盛り上がったままになっているものもありました。

彼女は、参加者を信頼したのだと思いますが、腕を皆に見せながら、幼い頃から、父親に性的虐待を受けながら生きてきた過去を、とつとつと語り始めたのです。

母親は、看護師をしていて夜間勤務が多く、母親の不在の日にやられていたといいます。仕事が多忙で疲れを抱えていた母親は、夫と娘の関係には全く気がつかなかったといいます。しかし、中学2年のとき、父親の子を身ごもったことからすべてが明らかになり、赤ちゃんは闇に葬られ、怒り狂った母親は、離婚を決断。両親は別れ、彼女は母親のもとに残ります。

しかし、母親ともうまくいかず、中学を卒業後、家を飛び出し、上京。年齢を偽って様々なアルバイトをしながら、生活をしていきますが、淋しさから、バイト先の仲間の店員や上司などと肉体関係を重ねます。しかし、誰とも長続きしません。男性の振る舞いに信頼できない何かを感じ取ってしまうと、それが、父親の醜い姿と重なり合って堪えられなくなり、けんかして別れる。その繰り返しで、その度に、リストカットに走ったといいます。

ある日、バイト先の店長ともめて、興奮した勢いで皆の前で深くリストカットをしたため、救急車で病院に運ばれます。そこがカトリックの病院であったため、シスターたちと出会い、それが彼女の転機になります。

シスターたちの振る舞いの中に、彼女は、それまで出会ったことがないあたたかさと裏表のない誠実な心を感じ取り、シスターたちを慕うようになり、シスターたちに導かれて、洗礼にたどり着いたのです。

シスターたちのBeing（存在）は、明らかにあたたかな神のBeingに支えられ、それがあふれ出て、近づく人々のBeingをほっとさせていきます。それが、父親の身勝手な欲望によってBeingがずたずたにされていたC子さんにとっては、限りなく魅力的だったということです。

幾たびとなく、彼女をリストカットに走らせたものは、生きたいという彼女の

Beingの切ない叫びだったと理解できます。リストカットをして、自分のうちに生きた血が流れていることを見て、自分の中にまだいのちが息づいていることを確認してほっとしていたのです。何度も繰り返していることから、リストカットが死ぬためでないことは確かです。彼女自身のBeingがまだまだ押しつぶされ破壊されていないことを彼女自身確認するための儀式だったといえます。

いずれにしろ、シスターたちと出会ったC子さんは、シスターたちを通して、自分のBeingを無条件で、あたたかく包み込み、寄り添ってくれる神のBeingに導かれ、そこに生きていくために揺るぎない土台を見いだすことができたというわけです。また彼女が自分のすべてを仲間にさらけ出すことができたのも、神のBeingによって、支えられるようになっていた落ち着きから、といえます。

ここでわたしがいう「心をもったBeing」とは、身体性を超えた営みです。モノに恵まれているかどうか、能力があるかどうか、とは全く無関係の精神の次元、心の次元の営みなのです。それは、「わたしは、こうします、わたしはこうでした」と一人ひとりが「わたし」と表現する、一人ひとりの核ともなるものと、理解してもよいと思います。その「わたし」という心をもったBeingは、本質的に他の心をもった

Beingと、響き合い無条件で包みあうことに飢え渇き、その土台の上に、人生を歩もうとしているのです。

C子さんは、自分のBeingを包み込んでくれる究極のBeingを、神の中に見いだしたということです。それは、決して人を裏切ることのないあたたかで誠実なBeingへの信と委ねが、C子さんに生きるための安定感と活力、そして喜びを与えたのです。

むすび

自ら死を選び決断する人々の具体例を挙げてきましたが、そこに共通して指摘できることは、この世界の厳しさ、残酷さ、そして冷酷さにまともにさらされているという事実と同時に、それを受けとめていくためのBeingの土台の脆弱《ぜいじゃく》さです。

客観的に見れば、この世界の残酷さ、冷酷さは、すべての人が、何らかの形で背負わなければならないものですが、しかし同じような状況にさらされても、それに屈せず、乗り越えていくことができる人もいれば、そうでない人々もおります。その違い、その差は、どこにあるのかと問われるとき、わたしの経験した範囲の中では、それは、Being の次元でのあたたかな交わりの有無によるのではないかというのが、わたしの確信です。

ここでは自らいのちを絶とうとした人々のケースを中心に話を進めてきましたが、お年寄りの場合にも同じようなことが指摘できるように思えます。

それぞれ、忙しく振る舞っている家族の中で、お年寄りは、無意識のうちに自分の存在が、家族の負担になっていると感じてしまいます。身体が思うようにコントロールできなくなる苦しさと、まわりに迷惑をかけてしまうという気遣いとで、死を願うような気持ちに誘われます。

しかし、そこで、家族の中に、「いつまでも生きていてください、おじいちゃん、おばあちゃんがいるだけで、みんな励まされるのですから」とことばをかける誰かがいれば、ほっとするものです。それは、Being のレベルのあたたかさ、優しさです。

老いには、身体が思うようにならないというらだちと体の節々に表れてくる痛みや苦痛が伴います。また身体が衰えてこの世界のなかから消えていく恐れと、死の彼方の自分の居場所はあるのかどうかという不安と、それまで自分を支えてくれていた家族や親しい友人とのつながりが切られていくというつらさ、悲しさと向きあわなければならなくなります。

そうした苦しみや悲しみ、そして不安や恐れは、身体を持った人間の避けることのできない現実です。しかし、あたたかで優しい神の Being を信じ、それに委ねていくことができれば、死の恐れ、不安を超えていく道が開かれてきます。

現実の厳しさに押しつぶされて、堪えられなくなって絶望し、希望を失ったまま人生を終えるかどうかは、最終的には、あたたかな神の Being が差し出されているという信仰とそれに委ねようとする心にかかってきます。

その神は、ヨーロッパ社会に君臨した、超越した絶対者、むなしい世界の反対の極に存在する、賛美と礼拝の対象とした神ではなく、人間の傷ましい姿を見て見ぬふりができず、労苦と重荷を背負って歩む人間一人ひとりの傍らに寄り添い、共に歩んでくれる神です。

実にそれは、「わたしが裸であったとき、病んでいたとき、飢えていたとき、牢に入れられていたとき……してくれたことはわたしにしてくれたことである」とまで明言したキリストが示した神の姿なのです。

現代のわたしたちには、あたたかで柔らかで優しいBeingとしての神理解が必要なのではないかと思います。周りが、どんなに残酷で、周りの世界がどんなに冷たく、周りの人間が信頼できなくなっても、絶対に人間を裏切らず、見捨てることのない柔和で優しい神のBeingに出会い、信じることができる人は、実に幸いだと思います。

大きな力に操られず、流されずに、
自分らしく生きるために

今回のシリーズの総合テーマは「大きな力に操られず、流されず、自分らしく生きるために」です。

このテーマを選んだのは、過去の歴史を振り返っても、また現代社会にあっても、大きな力に操られたり、流されたりして、せっかく与えられた尊い、かけがえのない人生を自分らしく生きられないどころか、むしろ、充実感や喜び、心の平安などとはほど遠い、惨めで屈辱的な人生を送ってしまう人たちが、数多く見られるからです。

わたしの切り口は、キリストです。キリストは、自らの言動が、ユダヤ社会の伝統に逆らうものであることも、指導者たちの怒りをかってしまうものであることも知りながら、権力にこびることも周りに流されることもなく、信念を曲げず、ぶれることなく生涯を貫いた人物です。

今回ここで、キリストに焦点をあて、どうすれば、キリストのように、操られず、流されずに、自分らしく生きることができるかを確認し、そこから現代のわたしたちが、自分らしく生きるために必要な光を汲み取ってみたい、それがわたしの講演の趣旨です。

順序として、まず先に「流されること」、そして「大きな力に操られること」のメカニズムを明らかにして、そこに何が働き、そしてまた、何が欠けていると、操られたり、流されたりしてしまうのか、そして、「操られたり」「流されたり」することによって、わたしたちは何を失ってしまうのか、それを確かめた上で、キリストの生き様と向き合ってみたいと思います。

1 「流される」のメカニズム

❶人は一人では生きていけない

わたしたちが、「大きな力に操られたり」「流されたり」して、自分らしく生きることができなくなってしまうという問題の根本にあるものは、「わたしたち人間が一人では生きていけない」という人間の本質によるものです。

わたしたちは、誕生とともに、わたしたちよりも先に生きている人々が築きあげてきた共同体、つまり、家族、地域社会、民族、国家、学校、職場、人によっては宗教団体の中に受け入れられ、その中に組み込まれ、その中で自らの人生の歩みを始めます。共同体に受け入れられなければ、生き続けていくことも、自らの可能性を開いていくことも、自らの幸せを築きあげていくこともできません。

しかし、そこには、長い年月にわたって人々によって受け継がれ、共有されてきている言語、きまり、文化・伝統・風習などがあります。また権威を与えられたまとめ役、リーダーたちが存在しています。したがって、その中で生きていくためには、人々が長年にわたって築き、受け継いできたものを受け入れ、権威にもそれなりの敬意を示して、周りに合わせていくことが求められます。そうしてはじめて、わたしたちは、そこに生活の根を下ろし、支え合い、助け合いながら、穏やかにそれぞれ自分の幸せを求めて歩んでいくことができるようになります。

しかし、現実は甘くありません。至る所で、納得できない、素直に心から受け止めることができない、むしろ反発したくなるような現実に遭遇することになります。

もし、そこで、納得できないからといって、自分の生き方を通して、周りの流れに逆らったりすれば、周りの人たちとの関わりはきしみ、ときにはとげとげしいものとなり、その対立がエスカレートすれば、穏やかな日々は消え去っていくことになります。周りに合わせすぎると、自分らしさを失うことになりますし、自分らしさを貫こうとすれば、周りと衝突します。そこに人間の生きることの難しさがあります。それは、わたしたちの人格の未熟さ、限界によるものです。

まずは、わたしたちの弱さ、限界があります。わたしたちの度量は狭く、違いを心乱さず、穏やかに、寛大に受け入れていくことは容易なことではありません。自分と波長の合わない人々の存在は、誰にとっても、煩わしく、うっとうしいものです。時として目障りです。面倒な相手に対して、わたしたちの多くは、本能的に、心の扉を閉め、顔を背けたり、距離を置いたり、交際を拒んだり、さらには仲間はずれにしたり、ときには力ずくで排除しようとまでしてしまいます。そこに目障りな存在を排除しようとする強者と拒まれる弱者が現れてきます。それは、どの社会にも見られるものです。

❷無視され、排除されるいたみ

弱者の側に立てば、顔を背けられたり、無視されたり、遠ざけられたり、仲間はずれにされたりすることは、つらいことです。心乱されず、落ち着いて対応できる人は多くはありません。多くの人は、悩み、苦しみます。

仲間はずれにされたりして、自らの存在そのものが否定されたかのように感じ、心身のバランスを崩したり、鬱に覆われたり、人と向き合うことが怖くなり、家の外に出られなくなったりしてしまう人も、少なくありません。人に絶望して自ら生きることを諦めてしまう人もいます。今日の日本社会では、そんな人々は、確実に増えています。

さらにまた、周りからつまはじきにされ、その冷たい仕打ちに耐えられなくなって、家族ともども住み慣れた土地から離れていかざるを得なくなってしまう人もいます。

また職場などでは、上司に盾突いたために煙たがられ、窓際に追いやられてしまう人や、職場に通えなくなってしまう人もいます。また会社の方針に逆らったため、いつまでも下積みのポストにおかれてしまったり、遠方の地に転勤を命じられ、家族ぐるみで転居しなければならなくなったりする人も珍しくありませんし、冷酷に突然、解雇を言い渡されてしまうこともあります。大黒柱の解雇ともなれば、家族が路頭に放りだされ、家族の生活そのものが根底から揺らいでいくことにもなります。

また、民族同士の対立になると、強者と弱者の姿がさらにはっきりと浮き上がってきます。自分たちとは異なる歴史、文化、伝統、風習を理解し、受け入れることの難しさから、それぞれ心の奥に、ある種の緊張感と違和感が生じます。またそれが自分たちの伝統、文化を侵していくのではないかという、それぞれの不安感と恐怖心となって高じていくと、ヘイトスピーチに見られるような、歯止めを失った暴力的言動にもなっていきます。それがさらにエスカレートすれば、集団暴力ともなり、残虐な破壊と殺戮行動につながっていきます。

異なる民族の人々への嫌がらせと暴力は、現代世界の至る所に噴出しています。多数派民族集団が、他の少数民族集団を同化させようとしたり、特定地域への移住を強制したり、さらに抹殺を求めて大量虐殺に走ってしまったりする悲惨な出来事は今も絶えません。

そうした現実に堪えられなくなって、怒りに火がつき、怒りに駆られて、それが盛り上がれば、デモ行進や暴動、革命、紛争などに発展していきます。それらは、いずれも強者がつくりだす一方的な流れに合わせることができず、堪えられなくなった人々の叫びともいうことができます。

実に、グループや職場などで、強い者たちを中心として作り出されている流れに逆らうためには、生活を賭けた覚悟が必要です。また民族感情で盛り上がっている社会や軍事国家や独裁国家などでその流れに逆らおうとすれば、いのちを賭した覚悟が求められます。場合によっては軟禁されたり投獄されたり処刑されたりしてしまう恐れが十分にあるからです。

❸防衛本能……長いものに巻かれろ

周りに逆らえば、仲間はずれにされたり、職を奪われたり路頭に放り出されたりしてしまったり、ときにはいのちまでおびやかされたりしてしまうわけですから、わたしたちの多くは、自分を守るため、意にそわないことには目をつぶり、妥協し、我慢し、目立たないように、流れの中に身を委ねてしまいがちです。そうすれば、表面的には平穏な日々が保障され、生活も安定し、家族も路頭に迷わなくてすみますし、いのちを危険にさらすこともなくなるからです。「事なかれ主義」とか「長いものには巻かれろ」ということわざが示す通りです。

しかし、ここで、周りに合わせながら生きることを、否定的に捉える必要はないことにも留意しておきたいと思います。というのは、多くの場合、そこに自己犠牲、つまり愛の働きを見ることができるからです。

わたしたちの社会は、家族の幸せのために、あるいは仲間のため、会社のため、そして国のために、損得を超えて、自分の人生を惜しみなく与える人によって支えられ、守られ、発展していっていることも、また否定しがたい事実です。そうした人の心は、小さな自分の願望を超えて、家族、仲間、職場、国の幸せを自らの幸せとすることができるまでに広がり、大きくなっているともいえます。

さらにまた周りの人の受容能力の限界を配慮せず、相手に要求したり相手を責めたりすれば、相手をいらだたせ、いたずらに不快にさせたり、時には暴力を引き出してしまったりする恐れもありますから、自分の思いや言動に轡《くつわ》を嵌《は》め、自らの言動を控えて、時の流れに信頼し、相手が変わり成長していくことをゆっくりと待つことは、愛の行為ともいえます。

人間の未熟さなどの限界を念頭におくとき、性急な変化を求めて相手と向き合ってしまうと、関係がこじれてしまう恐れは十分にあります。未熟で身勝手な人間同士が共に歩んでいくためには、無理をせず、互いの成長を信じ、時の流れに任せて、ゆっくりと待つ忍耐深さも、愛の行為といえます。

❹流れに逆らう歯止め

しかし、問題は、周りの流れが自らの良心の声に背き、それに合わせると自分の良心に逆らうことになってしまうときです。その時は、心の奥に後ろめたさが生じ、自分は駄目な人間だという自己憐憫《れんびん》までもあらわれてきてしまいます。自分の人生そのものも肯定することができなくなり、心からの充足感、喜びを得られないままの人生になってしまいます。

キリストを金で売ってしまったことを後悔し、祭司長たちのところに金を返しに行ってはねつけられ、自らいのちを絶ってしまったユダの心を動かしたものは、まさに周りに操られ、流されて、最も大切にしなければならなかったものまで裏切ってしまったことによる屈辱感、敗北感ではなかったかと思います。

自らの人生を肯定できないまま、屈辱感と敗北感のままに人生を終わっては、残念です。そのためには、たとえ、周りとの関係が壊れても、自らの生活を失っても、さらにまた家族を路頭に迷わせたとしても、守らなければならない究極の価値があるという自覚、目覚めが求められます。

しかし、それは簡単なことでないことは確かです。というのは、そのために実にさまざまなものを断念したり放棄したりしなければならなくなりますし、大切な家族を苦しませ、惨めな生活を強いてしまうこともありうるからです。

信念を貫くことは、そうした自らと闘うことと、苦しみにも耐えることまで求められます。そのためには、確かに非常に明確で強固な信念、価値観・世界観が求められます。

それを示したのが、キリストの生き様だったといえます。その光をキリストから汲み取ってみたいと思いますが、その前に先に「操られる」のメカニズムを確認しておきたいと思います。

2 「操られる」のメカニズム

❶人は善意の塊ではない

共同体の中で生きていくことのもう一つの難しさは、用心しないと、周りに操られた人生になってしまう点にあります。

わたしたちは、周りに対する信頼に基づいて、普段の日々を過ごしております。しかし、悲しいことに、わたしたち人間は、善意の塊ではありません。それぞれの中に自分の願望・欲求・欲望を遂げようとする傾きが生きております。この点では、社会の指導者たちも例外ではありません。自分たちに委ねられた権威を利用して、自らの欲望・願望を遂げようとする指導者たちも少なくありません。

悲しいことに、人と人とが集まるところには、必ず、人を利用したり、だましたり、蹴落としたりし、巧みに人を操ったりして利益を上げて、高笑いをする者もいれば、利用されたり、だまされたり、蹴落とされたり、操られたりして損をして、泣き悲しむ人の姿を見ることができます。そこには人を操る強者と操られてしまう弱者があらわれてきます。

家族の中にあっては親、教育の現場にあっては、教師が強者です。現代社会にあっては、わたしたちの人生に多大な影響を及ぼす力をもつ強者は、国家、民族、企業、マス・メディアなどなどです。

国家や、民族、企業、マス・メディアは、いずれも、現代社会にあっては、一個人では太刀打ちできないほど巨大な力と意志を持った共同体になってしまっています。その意志が、具体化するとき、一個人は、良きにつけ悪しきにつけ、その影響を受け、知らず知らずのうちにその意志に動かされ乗せられ、結果としては操られた人生を生きることになってしまいます。

3　操られてしまう（しまった）人

❶　国家にも要注意

「大きな力に操られて惨めな結果を招いてしまった人々」の具体例として、わたしの頭に真っ先に浮かんでくるものは、第二次世界大戦前の日本国民です。多くの若者たちが、一枚の赤札で招集され、戦場に送られ、「お国のため」という美名のもとに、人生の花を咲かすことができないままに、戦場でいのちを奪われていきました。飛行機ごと敵艦に突っ込んでいくことを命じられた特攻隊員たちは、国家に操られて、自らの人生を完全に失ってしまった人たちの典型的な例といえます。

日本国全体が為政者に操られてしまってもたらされた結果は、悲惨そのものです。アジア大陸への侵略、殺戮と破壊、そして日本全土の壊滅でした。そこから操られてしまうことの恐ろしさを確認できます。

国民をある方向に動かしていくことに関しては、為政者は実に巧みです。さまざまな手段を講じますが、最も効果的な手段は教育です。教育によって、若い人たちの心にじわじわと為政者の意図が刷り込まれ、心がすっかりそれに覆われてしまうと、国民の人生は、為政者の意図する世界に呑み込まれた人生になってしまいます。

第二次世界大戦前までは、教育勅語などがそれにあたります。その教育勅語によって小学生の頃から「すべての国民は天皇の赤子」であり、「天皇のために生きることが国民の義務である」と教えられ、それが心の髄にまで染みこんでしまい、その結果、多くの人々が、唯々諾々《いいだくだく》、何の疑問も抱くことなく、「天皇陛下万歳」と絶唱し、戦場に出かけ、尊い人生を失っていきました。

幼いころから心の奥に刷り込まれてしまったものから解放され、自由になることは、容易なことではありません。

戦前の例からも分かりますように、国の働きかけには、注意が肝心です。今日のような民主主義社会になってからは、それほどあらわではありませんが、憲法改正の動きや、文部科学省から示されるカリキュラムや、検定制度には目を光らせる必要があります。そこに国民をある特定の方向に導いていこうとする為政者の意図が隠れ潜んでいる恐れがあります。それを見極めないと、知らず知らずのうちに操られ、一個人の力では抗することもできないところに導かれ、自らの人生を見失うということだけに終わらず、悲惨な結果をもたらす加担者になってしまうことにもなります。

❷ 宗教にも要注意

また国家だけではありません。大きな力で人を操るという点では、宗教の人に及ぼす否定的な力も見過ごすことはできません。というのは、宗教の世界では、往々にして指導者の権威が絶対化され、その権威に敬意を示すあまり、信徒たちの思考は停止し、「それでよい」と思い込み、狂信的行動に走ってしまうケースが、しばしば見られるからです。

具体的な例として思い浮かんでくるのは、体に爆弾を巻き付けて人々の集まる場所に飛び込んでいくジハードです。今も世界各地で繰り返されております。

また日本では、オウム真理教の例があります。自分たちの教団に危険な存在だと判断した指導者の意のままに、坂本弁護士の家族のいのちを奪ったり、地下鉄にサリンをまいたりした弟子たちも、指導者が命じるままに操られてしまった人々ということができます。

　この点では、カトリック教会にもプロテスタント教会にも、反省すべき過去があります。十字軍やユグノー戦争などが、その典型的な例です。それは、異なる宗教や教義が対立する相手をとことん殲滅《せんめつ》させなければ……という指導者たちの意思・決定に操られて、多くの信徒たちが、唯々諾々《いいだくだく》、思考を停止して、武器を取り、残虐な破壊行為と殺戮行為に走ってしまった醜い例です。

　また、宗教には、民族の暴走や王などの権力者たちの野心を正当化するために利用されてしまう負の側面があります。神の名を持ち出せば、人々の思考は停止し、指導者たちの意のままに人々を操ることができるからです。いわゆる宗教戦争といわれるものの背後を検証してみると、その裏からは、しばしば民族間の対立、王や貴族たちの対立が潜んでおり、神の名を利用して、人々を扇動して自らの野望を遂げようとする王や権力者たちの姿が浮かびあがってきます。

　宗教者の側には、利用されないための自覚が求められます。信徒たちにも、たとえ自らが尊敬する、教団・宗派の指導者のことばであろうとも、一度は自らの良心に問いかけ、自らの良心に基づいて、判断し、決断していこうとする姿勢が求められます。

どのような教派・宗派にあっても、健全な批判精神を失ってはならないのです。良心に背くようなことであれば、たとえ、尊敬すべき指導者からのものであっても、その指導に従うべきではないでしょう。

❸ 情報にも要注意

メディアが発展した現代社会にあっては、情報にも要注意です。

為政者たちが流す情報には、自分たちの思いを遂げるために都合の悪いものには蓋をし、都合の良いものだけを伝えようとすることもしばしばみられます。たとえば、戦況が不利になっているにもかかわらず、あたかもうまくいっているかのような情報を流し続けた、第二次世界大戦中の日本の大本営の発表などは、その典型的な例です。またフセイン大統領のイラクに大量破壊兵器が隠されているという情報のもとに、イラクへの武力攻撃を承認してしまったアメリカ議会の議員の大半が、虚偽の情報に操られたということになります。

新聞・テレビ・雑誌、ネットなどのマス・メディアが流す情報にも、要注意です。マス・

メディアには、それぞれのポリシーがあり、そのポリシーに基づいて世論を特定の方向に導いていこうとして、情報が編集されたり、ときにはねつ造までされていることも、まれではないからです。

また新しい製品を売りつけるために作成され、テレビや雑誌などにもたらされる情報にも警戒が必要です。多くの場合、購買力をあおるためにその効能が大袈裟に示され、誇大化されています。そんな宣伝広告にあおられて手を伸ばしてしまうと、場合によっては、財産を奪われてしまうこともあれば、健康を損ねてしまうこともあります。消費者センターの相談窓口に駆け込む人々が後を絶たないのも、そのためです。

進学・受験をあおり、子どもたちを勉強、勉強へと駆り立てる親たちの価値観も、子どもたちの人生を操ることになってしまっていることも、要注意です。また親たちも、知らず知らずのうちに現代社会の隅々にまで浸透してしまっている価値観に操られているともいえます。

❹自己の願望についての識別

わたしは、ここで、情報の価値を否定するつもりはありません。複雑な社会の現実を迷わず、過ちを侵さずに歩み進んでいくためには、周りからの支え、助けが必要です。特に、経験豊かで誠実で信頼できるリーダーや権威からの情報は、複雑な人生を歩まなければならないわたしたちにとっては、実に貴重な光となることは、否定できない事実です。

しかし、すでに指摘しましたように、周りからの支え、助け、働きかけにはときとして、身勝手な願望や欲望、そして野心が潜んでいますから、それをそのまま呑み込んで操られたりして、自分らしい人生を失わないために、そしてまた加害者にもならないためにも、その相手から発信されてくる情報の真偽を見極めることが、肝要になります。

現代社会にあって、権力者、マス・メディア、そして企業が流す情報の真偽を見極めることは、一個人にとっては容易なことではありません。為政者やマス・メディアや企業には、数多くのブレーンがおり、多くの資料やデータが集められ、それなりの分析・研究がなされて、情報が作られています。それに反して、わたしたちは、それぞれ手を抜くことができない仕事があったり、煩雑で多忙な雑事に追われてしまったりしていますから、情報を確かめるだけの力も余裕もありません。一個人では、権力者や企業から発信されてくる情報に太刀打ちできないことも確かです。

しかし、そうであっても、操られ、流されることを少しでも避けるために、どうしたらよいか、そのためにわたしたちに求められることは、わたしたちの内に潜んでいるさまざまな願望の識別を行うことです。そして、良心を磨き、何が最も大事なものなのか、しっかりとした自分なりの価値観を育てていくことです。

「わたしたちの内にあるさまざまな願望の識別」を強調するのは、為政者もマス・メディアも企業も、わたしたちの内に潜んでいる願望・欲望に狙いを定め、それに働きかけ、それを引き出し、自らの権力を拡大したり利益を得ようとしたりしているからです。もし、わたしたちの内に、願望、あるいは欲望が全くなければ、操られたりすることは、避けることができます。

受け手の方に、美しくなりたい、健康でありたいという願望があるからこそ、巧妙に作られたコマーシャルに動かされ、手を出して、財布のひもを緩めてしまっているのです。企業は、美しくなりたい、健康でいたいというその願望に焦点をあてて働きかけ、その願望を引き出して、商品を買わせ、利益を上げていくのです。そうした願望のない者には、どんな働きかけも、力を持ちません。

また職を失っている人々にとっては、喉から手が出るほど欲しいのが職です。そんな人々にとって、雇用を増やすという指導者の呼びかけは魅力的です。指導者たちの多くが、人々の心の中に職が欲しいという切なる願望があることを見抜き、それに応えるための政策を実行すると訴え続けて、票を集め、権力の座を確保していきます。

また異なる言語、文化、宗教を生きる人々が流れ込んでくると、自分たちのそれまでの伝統・文化が侵されていくのではないかという不安感を、誰しも抱きます。あるタイプのリーダーたちは、人々のそうした不安、恐怖心に焦点をあて、訴えて、人々を自分のもとに引きよせて、権力を拡大していきます。

宗教の世界にあっても、指導者を絶対化し、指導者の言いなりになって従ってしまうのは、その心の中に深い不安感があり、その不安を取り除くために、指導者の言いなりになった方が安心であるという安易な願望が働いているからともいえます。

ですから、周りからの働きに操られないために、自らの内に潜む願望・欲望を識別し、自分なりに整理することが求められます。それが、識別です。

その上で、自らが絶対譲ることができない、どんなことがあっても大切にしたいものが何であるか、明確にしていくことです。その良心を照らす光として、キリストの生き様が意味をもってきます。

4 キリストの生き様

❶ 人間の究極の真実を見極める

福音書は、キリストが「操られる」ことにはっきりと「ノー」と宣言したいくつかのエピソードを、伝えています。まずは、荒野での誘惑の場面です。

キリストは公に人々の前に登場する前に、荒野に出かけ、そこで四十日四十夜、断食します。マタイ福音書は、わざわざその目的が「悪魔から誘惑を受けるため」であったと記していますが、わたしたちは、それは自らの真実を確認するためだったと理解して良いと思います。

荒野とは、自然は厳しく、見渡す限り、岩だらけの世界です。いのちを支える食べ物を見いだすことは難しく、身を横たえる柔らかなベッドも目を癒やしてくれる緑もなく、心を温めて刺激を与えてくれる人との交わりもない世界です。無論、そこには心を紛らわせてくれる娯楽も、生きているという実感を与えてくれる仕事もない世界です。そこで向き合うことができる相手とは、自分自身と神だけです。

荒野とは、食べたい、休みたい、楽になりたい、楽しみたい、仕事をしたい、誰かと話したい、誰かの役に立ちたい、そうした人間に本能的な欲求・願望に応えてくれるものが一切ない世界です。そんな荒野に身を置いて、果たして、人はどこまで堪えられるのか。そして何が満たされれば、人は堪えられるのか、実に、荒野での四十日四十夜の断食は、キリストの人間性へのチャレンジということになります。そこでキリストは、自ら出かけ、自らを支えるものが究極には何であるか、自らの真実を見極めようとしたのです。

悪魔は、キリストの究極の真実を明らかにするために力を貸します。キリストに「もし、神の子なら、石をパンにしてみろ」と誘います。

飢えている者にとっては、何よりも欲しいものは、ひとかけらのパンです。実に糧はわたしたち人間には絶対必要なものです。わたしたち人間は、何を差し置いても、糧が保障されることを求めて生きています。それがなければ、生き続けることはできず、それが保障されない限りは、わたしたち人間は常に不安にさいなまれることになります。

わたしたちの一生は、糧を得るために費やされているといっても過言ではないでしょう。それで人生を終えてしまう者もおります。また糧をえるために、自らの良心の声をも無視して、悪事に走ってしまう者も少なくありません。それが、人間のこの世の現実です。

「神の子なら、石をパンにすることができるだろう」という悪魔のことばにキリストは「人はパンだけで生きるものではない。神の口から出る一つ一つのことばで生きる」と応じます。

「神の子なら、石をパンにすることができる」、それは、神の力を自らの糧を得るために利用することになります。そこには、自らを主とし、神を人間の幸せに奉仕するしもべにしてしまう論理が潜んでいます。

自分たちの日常の幸せのために神により頼んでしまう傾きは、誰にでもあります。しかし、それは、神をわたしたちの幸せのために尽くすしもべにしてしまうことで終わってしまう恐れがあります。「苦しい時の神頼み」がそれです。

キリストは、その危うさを鋭く察知して、「神の口から出る一つ一つのことばで生きる」と応じます。

「神のことばで生きる」という表現に注意すべきです。ことばとは交わりを開き、交わりを深めていくものです。ここでキリストが、神を自分の人生の幸せ願望に応えてくれる存在としてではなく、心を開いて関われる存在としてとらえていることが分かります。

糧に満たされていても、会話の乏しい夫婦は、いずれは破綻していきます。もし、夫婦が互いの関わりを何よりも大切にし、それを深め、育てようと願うならば、何よりも大事なことは会話です。

「神のことばによって生きる」と応じたことによって、キリストが、何よりも神との関わり、神との交わりを大切にしようとしていたことが分かります。そこにキリストの真実をみることができます。

そこに、たとえ、糧に満たされた生涯を過ごすことができたとしても、交わりを失えば、人間としての究極の喜び、充足感を失ってしまうという人間理解があります。四十日四十夜の断食によって、キリストは、人間の根源的な飢え渇きを見極めたということです。

それは、普段の日常の営みの中では、さまざまな願望・欲求で覆われてしまっている、その覆ってしまっている欲求・欲望の一つ一つの覆いを剥ぎ取っていったとき、最後にあらわれてくるものは、永遠の神への飢え渇きです。その飢え渇きが満たされるとき、人間は真の充実感に満たされることができます。それが満たされないときには、たとえ、他の願望・欲求が満たされていても、心の奥深いところで虚しさを味わったままの人生に終わってしまうことになります。

その真実をキリストは、後に弟子たちに、「人は、たとえ全世界を手に入れても、自分の命を失ったら、何の得があろうか」（マルコ8・36）と諭し、人々には、「よくよくあなたがたに言っておく。あなたがたがわたしを尋ねてきているのは、しるしを見たためではなく、パンを食べて満腹したからである。朽ちる食物のためではなく、永遠の命に至る朽ちない食物のために働くがよい」（ヨハネ6・26、27）と警告します。

❷ 人間としての主体性を貫く

悪魔は、さらにイエスを非常に高い山に連れていき、世のすべての国々とその繁栄ぶりを見せて、「もし、ひれ伏してわたしを拝むなら、これをみんな与えよう」と誘います。

悪魔は、わたしたち人間の奥深くに潜んでいるヒーロー願望に誘いをかけます。確かに厳しい人生を歩まなければならないわたしたちは、弱く、もろく、自分たちが願う幸せな人生を実現できません。心の奥では、幸せを保障し、夢を与えてくれる力強いヒーローの登場を待ち望んでいます。

事実、「わたしを選べば、あなた方の生活はずっと楽になる、失業者はいなくなる、国はもっと安全になり、もっと豊かになる」という呼びかけは、権力者たちの常套手段です。多くの人が、その呼びかけになびいていきます。

その呼びかけに応じることは、わたしたちの人生をその手に委ねることになっていくことにつながり、それは、時として操られてしまうことに道を開くことになります。いずれは、だまされて、傷を受けることになってしまうことにもなりかねません。キリストは、悪魔のささやきに「ただ神のみに仕えよ」と言い返します。楽園を保障してくれるヒーロー、権力者への依存を断ち切ります。究極に目指すべきものが神であり、神との関わりこそが究極の人間の充足をもたらすものであるという自覚のもとに、自らの主体性を明言して依存し、操られていくことへの道を閉ざしてしまうのです。

❸ アイデンティティを貫くために

福音書は、もう一カ所、キリストが自らの主体性を貫くために、もがき苦しんだ場面を、わたしたちに伝え残しております。それは、十字架の死が避けられない状況を迎えた時期のことです。

最後の晩餐を終えたキリストは、数名の弟子たちを連れて、ゲツセマネの園に行きます。そこで、弟子たちには、「誘惑に陥らぬように目を覚まして祈っていなさい」

と諭しながら、自らは、うつぶせになって祈ります。「父よ、できることなら、この杯をわたしから過ぎ去らせてください。しかし、わたしの願いどおりではなく、御心のままに」と。

十字架の死が避けられないことを察知したキリストの人間性は、苦しみの叫びを上げます。福音書は、その時のキリストの心情を、「そのとき、悲しみもだえ始められた。そして、彼らに言われた。『わたしは死ぬばかりに悲しい』」と記しています。「母、マリアを残して、死にたくない、手塩をかけて育ててきた弟子たちを苦しませたくないし、別れたくもない」、「むざむざ死にたくない、できれば、楽な道を歩みたい」などなど、キリストの心には、さまざまな人間としての思いが湧き上がってきたのかも知れません。いずれも、人間としての自然な感情です。そんな感情に流されてしまう恐れを感じ、キリストは祈りの場を求めたに違いないのです。

キリストは、それまで、神との関わりを何よりも大切にし、それを深め、神の望みにそって生きうることを最優先してきました。そこに、キリストの生涯のアイデンティティがあります。しかし、今、無残な死を前にして、人間性がもう一度吹き出して、その心を乱そうとしたとき、キリストは、神の前にひれ伏して、もう一度、最も大事にすべき者が神との関わりであることを確認しようとしたのです。人間としての自らのありのままの心情を直視しながら、その奥にある自らの真実を確認し、自らの内を整理し、立ち上がり、毅然とし、死に向かって臆することのない歩みを始めるのです。

ここで注目すべきは、弟子たちの姿です。彼らは睡魔に襲われ、眠りこけてしまいます。人間の複雑さ、そして弱さに対する真摯な自覚のないかれらは、自らの真実を見極めることもせず、いざとなったとき、自らの保身のためキリストとの関わりを否定してしまいます。流されないために、常に自らの真実を確認し続けていく努力が求められます。

❹ 周りとの闘い

キリストを処刑してその抹殺を謀ったのは、大祭司、長老、律法学者、ファリサイ派の人々などの、当時のユダヤ社会の指導者たちです。キリストの言動の中に、自分たちが長年にわたって受け継ぎ育んできた伝統、価値観などに逆らい、選民としての一体感を揺さぶる恐れがあると判断したからです。

キリストが、当時の指導者たちに逆らうものであることを知りながら、あえて伝統的な考え方を否定する行動に走ってしまったことは事実です。

たとえば、ユダヤの人々が最も大切にしてきた安息日の掟を、「安息日は、人のために定められており、人は安息日のためにあるのではない」（マルコ2・27）と宣言して、あえて安息日に病人を癒やしたり、罪人を蔑視する律法学者たちには、「わたしが来たのは、義人を招くためではなく、罪人を招くためである」と明言して、神は聖なる神である、神が聖であるように聖でなければならないという価値観、神理解を覆し、神は憐れみそのものであることを強調していきます。その根底にあるものは、「小さな者が一人でも滅びることは、あなた方の天の父のみ心ではない」という神理解です。しかし、それは、ユダヤ社会の一体感を揺さぶる危険な言動だったのです。

それまでのユダヤ社会は、自分たちは神によって特別に選ばれた民であるという認識の基にまとまり、選ばれた民として、神から見捨てられないために、神に忠実でなければならない、そのために掟を守らなければならない、掟の遵守が選民として存在し続けていくための生命線だったからです。

神は聖であること、そして掟の遵守を強調しすぎると、罪人の居場所は失われていきます。キリストは、神は憐れみそのものであると宣言し、人間が神のためではなく、神が人間のための存在であることを強調したのです。そのためにキリストは、危険人物と見なされ、十字架上で生涯を終えたのです。

キリストは、周囲の流れに妥協せず、流されず、自らの信念を貫いたということになります。

キリストの十字架を見つめて
闇の中に光を見いだしていくために
――闇は、人生の一部、旅の道連れ

今期の日曜講座のテーマは、わたしたちの生の営みから喜びや希望を奪い取ってしまう闇についてです。闇はわたしたちの願望や希望が、壁にぶつかったりして、思いどおりにいかなくなって、幸せへの道が閉ざされてしまうとき、もたらされるものです。

わたしたちは、具体的に何を幸せとするかは、人によって異なるかもしれませんが、どんな人も、幸せになることを願い、夢見ながら日々を生きています。

たとえば、親たちがどんなに苦労し、どんなに疲れても働き続けるのは、我が子の幸せを願ってのことですし、若いカップルが祭壇の前で愛を誓い合うのも、幸せな家庭を目指してのことです。その意味で、幸福願望は長い人生を歩んでいく上での原動力になっています。

こうした願い、望みが、思いどおりにかなえられているとき、わたしたちは目を輝かせ、心も明るく、そして生きていることの喜びに浸ることができます。しかし、反対に思いどおりにいかなくなったとき、目は輝きを失い、表情も硬くなり、どうしてよいか悶々とし、心の内はじわじわと闇に侵され、覆われていくことになります。

この幸せのために生きているわたしたちの歩みの道が閉ざされるとき、わたしたちは闇に覆われることになるのです。

ここにおいでの方々の中で、自分はこれまで闇に覆われたことがないといわれる方がおられるかも知れませんが、もし、そのような方がおられるとするならば、その方は非常に恵まれた方ということになります。しかし、人生はそれほど甘くはありません。どの人も、長い人生の歩みの途上で、程度の差こそあれ、一度や二度は、闇に覆われるものです。その可能性はどんな人にもあります。その意味で、闇は人生の一部、旅の道連れといっても、過言ではないでしょう。

長い人生では、闇との遭遇は避けられません。というのは、わたしたちは、誰ひとり世界の中心でもなく、世界も周りの人も、このわたしのために回っているわけではないからです。もし、わたしたちが王子だったり王女だったりすれば、周りはわたしにかしずいてくれるでしょうが、そうはいきません。わたしたちは、世界の中の一人にすぎません。

ですから、わたしたちはみな、我慢しながら、自分の気持ちを抑えながら、それぞれ人生の旅を歩んでいることになります。別のことばに言い換えれば、みな、それぞれ何らかの闇を抱えながら生きているということになります。ですから闇をどのように受け入れ、意味づけていくか、それは、決して目を背けてはならない、わたしたちの人生の大きな課題ともいえます。

1 闇の冷酷さ、残酷さ

しかし、本音のところでは、闇の訪れを好む者は一人もいません。誰もができれば避けたいと願っています。しかし、闇は望む、望まないに関わらず、容赦なく何の予告もなしに、訪れてきます。その点で、闇は冷酷で残酷です。冷酷で残酷だというのは、時として、これ以上苦しませては気の毒だと思える人にも、容赦なく何の予告もなく訪れてくるからです。

たとえば、あの人は生まれたときからずっと病と闘い続けてきているからとか、あの人は幼いときから親の暴力で痛めつけられ、苦しみもがいているからとか、あの人はパートナーに裏切られて、心身共に深く傷つき悲しみ混乱しているからとか、あの人は職場から解雇されて自信を失い、これからどうしたらよいか分からず、途方に暮れているかなどという一人ひとりの事情に配慮せず、その苦しみや悲しみに追い打ちをかけるかのように、一人ひとりの人生を訪れていきます。その点で、闇は冷酷です。

それだけではありません。闇は、残酷です。残酷というのは、時には、わたしたちの心の奥の奥にまで入り込んできて、わたしたちを根底からぐらつかせ、混乱させ、一回限りの人生から幸せになる可能性を徹底的に奪ってしまうこともあれば、二度と立ち直ることができないほどにわたしたちの心そのものを破壊してしまうこともあるからです。したがって多くの人が闇の訪れを否定的に捉えてしまうのは、当然なことです。

しかし、わたしたちの周りを見渡せば、闇を肥やしにして人生を豊かにしている人もいますし、闇から抜け出すことによって、一皮も二皮もむけて人間として大きくなっていく人もいます。闇の中にありながら、輝いている人もいます。

そうした人々は、闇に包まれながら、そこで何らかの光を見いだしている人々です。もし、そんな受け止め方ができれば、わたしたちの人生にとって避けられない闇も、わたしたちの人生を豊かにしてくれる貴重な賜物ということにもなります。

避けられない闇も、受け止め方によって、人生のありようがかえられてしまうわけですから、闇の訪れを、どのように受けとめたらよいのか、どうすればプラスに転じていくことができるか、どうすれば、その中で光を見いだせるのか、真剣に考えてみることは無駄なことではないといえます。

2 人間としての根底を揺さぶる闇

今回、ここで取り上げようとしている闇は、極めて日常的な小さな願いや希望や夢が否定されたときにもたらされる闇ではなく、人間としてのより根源的な願望が妨げられたり踏みにじられたりして、人そのものが根底から揺さぶられてぐらつき、人間としてダメージを受けて、平静に歩んでいくことが極めて難しくなってしまうときにもたらされる闇についてです。

たとえば、希望していた学校や会社に入れなかったとか、初恋の人に振られてしまったとか、司法試験や医師や看護師の資格試験に合格できなかったなどなどの、具体的な願望や夢が思い通りにならなかったときは、誰もが、気持ちが落ち込み、心を暗くしてしまうものですが、そこから立ち直ることは、比較的容易です。

容易というのは、その闇はそれぞれの努力、力が壁にぶつかり、跳ね返されただけのことで、人間としての土台が根底から揺さぶられ、崩されているわけではないからです。心という土台が崩れていなければ、その土台の上に立って、気をとり直して、新たな道、別の可能性にチャレンジしていくことができます。立ち直るまでに時間がかかることがあるかも知れませんが、心そのものが致命的なダメージを受けているわけではありませんから、気持ちを切り替えながら、別の道を探し、切り開いていくことができるものです。ところが、虐《いじ》められたり、愛する人に裏切られたり、レイプされたりなどして人間としての根本的な願望、飢え渇きが否定されたり、踏みにじられたりしたときは、そうはいきません。心の奥深くまで傷つき、人間として揺らぎ、ぐらつき、不安定になり、闇は心の奥の奥に住みつくような形で居座ってしまい、人は闇を抱えながら歩まざるをえなくなってしまうのです。

心の奥の奥まで入り込んでしまう闇から抜け出すことがどんなに至難なことであるかは、わたしたちの周りに、物事がうまくいかず、家の外に出られなくなってしまう人や、人が怖く信頼できなくなってしまって、明るく微笑むことを忘れてしまったかのような人や、いのちを絶とうとしたりする人たちが少なくないことからも分かります。心の奥の奥まで闇に覆われながら、それにもかかわらず、その中で自身を支える光を見いだしていくことが、容易でないことは確かです。しかし、絶望的とも思える深い闇に覆われながら、光を見いだしている人もいることは事実です。

今日、わたしがこの講話の中で、お話ししようとしていることも、闇の中で、闇に包まれながらも、わたしたちを導いてくれる光についてです。

その光を明らかにするために、具体的にわたしたちに深いダメージを与えて、わたしたちを深い闇で覆ってしまうものが、どんなものなのか、確認したいと思います。

3 人間の幸せへの歩みを妨げ、深い闇を与えるものは……

わたしたちの幸せへの努力を妨げたり踏みにじったりして、わたしたちにより深刻な闇を与えるものとしてわたしの頭に思い浮かぶものは、地震や台風、津波などの災害をもたらす大自然の営み、国家や民族などの集団の暴走、個人の身勝手な欲望・暴力、それに、信頼し親しく関わり合っている仲間、特に家族からの暴力や裏切りなどなどです。

❶ 災害などによってもたらされる闇

まず頭に浮かぶものは、大自然がもたらす災害です。わたしたち人間は、自然の力の前には無力です。台風や地震、津波は、河川を氾濫させたり家屋や田畑を破壊したりして、それまでの一人ひとりの努力・営みを一瞬の間に無に帰してしまいます。その力には人間はかないません。それは、わたしたちの幸せな日々を一瞬の内に壊し、わたしたちの人生に大きなダメージを与え、深い闇をもたらします。

しかし、自然には、わたしたち人間に対する悪意はなく、わたしたち人間の尊厳を直接に無視したり否定したりする意図はありません。したがって、大自然がもたらす災害によって、わたしたちが人間として否定され、心の奥の奥まで深く揺さぶられたりぐらついたりして、心が破壊されるわけではありません。

災害によって、家屋や田畑が流されてしまうことはつらいことですが、しかし、大半の人は、現実を受けとめ、そのつらさをかみしめながら、前を向いて歩いていこうとします。それができるのは、人間としてのわたしそのものまでダメージを受けていないからです。

問題は、大自然の恐怖とまともに向き合ってしまって、その時の体験が心の奥にトラウマとして深く刻まれてしまうときです。地震で家屋が倒されていくのを目の前で見たり、家を呑み込んでいく津波をまともに見たりして、そのときの恐怖が心の中にいつまでも残り、そのトラウマにおびえ続ける人は、少なくありません。そのときは、人間としてのわたし自身が揺らいでいくことになります。そのようなトラウマからの解放は、確かに容易なことではありません。

生活のための人生の再構築のためには、支援物資と市町村など周りの人々の具体的な助けが支えとなり、光になりますが、心の中のトラウマとなると、あたたかな心の人たちとの触れあい、交流などが支えと光になっていきます。生活のための人生の再構築のための光と、そうしたトラウマ、つまり心の中に深く入り込んでしまう闇から抜け出していくための光とは、全く別の次元のことだということです。

❷国家や民族などの集団の暴走がもたらす闇

一人ひとりの心の奥まで入り込み、心の破壊までもたらしてしまう闇の大半は、身勝手な醜い人間の暴力的言動によってもたらされるものです。その最たるものが、理性の歯止めを失って暴力に走ってしまう国家や民族などの集団によってもたらされる闇です。

それは、一人ひとりの生活を奪っていく災害などと違って、直接、人の否定、排除に向かう暴力です。邪魔と判断した相手の、かけがえのない人間としての尊厳を無視したり、軽視したり、踏みにじったりなどして、人間そのものを深い闇の中に陥れていきます。

国家・民族の暴走や独裁者の身勝手な言動が、どれほど多くの人々の幸せを壊し、その人生を狂わせ、深い闇で覆ってしまうかは、歴史を振り返ってみれば、誰の目にも、明らかです。

ヒトラーのナチスによるホロコーストのユダヤ人犠牲者は少なく見積もっても600万人、中には1000万人にもなるという学者もいます。また1970年代の後半のカンボジアのポル・ポト政権による虐殺の死者は100万人にもなると言われていますし、1990年代の後半のルアンダで起きたツチ族とフツ族との抗争では、一夜で200万を超えるフツ族の人が殺されたといわれています。

また、暴走する国家の恐ろしさは、第一次世界大戦、第二次世界大戦の際に、国家の名によっていのちを奪われた人々の数が、一億人を超えるといわれていることからも分かります。

家屋を破壊し、田畑を踏みにじり、数知れない人々の人生を狂わせていくという点で、理性の歯止めを失った国家や民族の暴走や独裁者の言動の破壊力は、災害の比ではありません。それをはるかにしのぐ、破壊力を持っていますが、その破壊は、人間の尊厳の否定に直接向かっています。

理性を失って暴走する国家や民族の名のもとに、人の価値は、国家や民族との関わりの度合いによってはかられ、一人ひとりは、全体の駒のように扱われるようになり、国家の駒として戦場に送り出され、敵国の人間を異なる民族だという理由だけで、差別し、排除し、相手を殺傷してしまうのです。

国家や民族の暴走がもたらす闇の破壊的な力は、実に組織的で、規模が大きく広く、そのもたらす破壊は、極めて残忍で残酷なのです。人間の尊厳に対する最高の侮蔑、最高の罪といえます。

理性を失って暴走する国家主義、ナショナリズム、そして民族主義は、現代になっても至るところで目にすることができます。国家主義、ナショナリズム、そして民族主義の暴走、人間として生きていくことが妨げられたり否定されたりして、深い闇に覆われてしまう人々の悲しい姿を見ることができます。

こうした闇に覆われた人たちが、それぞれどのように闇と向き合ったらよいか、強制収容所を体験して生還したヴィクトール・E・フランクル（1905-1997）が記した『夜と霧』やエリ・ヴィーゼル（1928-2016）の三部作『夜』『夜明け』『昼』に、詳細に記されていますし、また暴力と破壊にどのように向き合っていったかを知りたければ、同じく強制収容所でいのちを落としたエティ・ヒレスム（1914-1943）が残した日記が、参考になります。

強制収容所に入れられて、気力を失い、自らの積極的に生きようとする意志を失って、成りゆきにまかせてしまう者もいれば、生きることを諦め、自らいのちを絶ってしまう者や、逆に自ら生きようとした魂をナチスに売って仲間のスパイをして、自分だけは生き延びようとする者もいた、とフランクルは証言しています。しかし、フランクル自身は、終わらない闇はなく、深い闇の中でどんな状況にあっても、人間として真摯に生きようとする意欲の強さがあれば、闇を突き抜ける光となると述べ、魂は苦悩の中で磨かれ高められると証言します。

ヴィーゼルは、自分たちがいくら祈り叫んで助けを求めても、神は、何の助けの手も差し伸べてくれず、沈黙したままであると思い込み、神への信仰を失います。人間を残酷に否定する人間の醜さ、罪深さにも絶望して、解放された後は、世界各地を転々とします。その間は、自身の頭も心も、強制収容所でいのちを落とした祖母、母、妹、父、それに仲間たちの死に覆われて、そこから目をそらすことができなくなっていたと証言します。しかし、最後に、神は沈黙の闇の中におり、闇の中の傍らに寄り添っていてくれる存在だということに目覚めていきます。

エティ・ヒレスムは、憎しみや暴力が力を振るい、愛を見失ったこの世界の中では、神はこの世界の中に居場所を失い、この世界から追い出されていくという理解のもとに、自分こそ神の居場所になろうと決意し、最後の最後まで暴力や憎しみにのみ込まれず、愛を貫いていくことこそ自らの役割であると言い聞かせて、自ら進んで強制収容所に捕らわれて、生涯を終えています。

三人三様、闇の中にありながら、人間として主体性を失わずに自らを支え、輝かせていく光を見いだしたわけですが、そこに辿り着くまでには、自身との壮絶な闘いを闘っていたことは、看過されてはならないことだと思います。

当然のように、相手に対する怒り、憤りがあったでしょうし、人生の不条理に悶々と眠れない夜を過ごさなければならないときがあったことだろうと思います。またユダヤ人として生まれてきたことを、呪いたくなるようなこともあったかもしれませんし、虚しさに覆われて、叫びをあげたくなるようなつらさや、泣きたくなるような悲しさもあったに違いありません。それは、生身の人間であれば、当然のことです。

旧約聖書にも、あまりの苦しさに、産まれてきたことまで呪ってしまった預言者のことばをそのまま伝えている箇所があります。

「呪われよ、わたしの生まれた日は。母がわたしを産んだ日は祝福されてはならない。

呪われよ、父に良い知らせをもたらし、あなたに男の子が生まれたといって大いに喜ばせた人は。（中略）その日は、わたしを母の胎内で殺さず、母をわたしの墓とせず、はらんだその胎をそのままにしておかなかったから。なぜ、わたしは母の胎から出て労苦と嘆きに遭い、生涯を恥の中に終わらねばならないのか。」（エレミヤ20・14－18）

ヨブ記にも、苦しみに覆われたヨブの産まれてきたことを呪うことばが記されています。

「やがてヨブは口を開き、自分の生まれた日を呪って、言った。わたしの生まれた日は消えうせよ。男の子をみごもったことを告げた夜も。その日は闇となれ。神が上から顧みることなく、光もこれを輝かすな。暗黒と死の闇がその日を贖って取り戻すがよい。密雲がその上に立ちこめ、昼の暗い影に脅かされよ。闇がその夜をとらえ、その夜は年の日々に加えられず、月の一日に数えられることのないように。」（ヨブ3・1－6）

ヨブもエレミヤも、生身の人間として精一杯苦しみもがきながら、神に向かって心をあげ、神に問い続けています。そこに、闇に呑み込まれて絶望のままに人生を終えない秘訣があります。

その点で、福音書も、厳しい人生を前にして、キリストが悩み悲しみもがいたと伝えています。「大祭司は、自分自身も弱さを身にまとっているので、無知な人、迷っている人を思いやることができるのです」とヘブライ人への手紙は記しています。福音書は、ゲツセマネの園で、悲しみと苦しみに覆われて、祈ったと福音書は伝えています。

「それから、イエスは弟子たちと一緒にゲツセマネという所に来て、『わたしが向こうへ行って祈っている間、ここに座っていなさい』と言われた。ペトロおよびゼベダイの子二人を伴われたが、そのとき、悲しみもだえ始められた。そして、彼らに言われた。『わたしは死ぬばかりに悲しい。ここを離れず、わたしと共に目を覚ましていなさい。』少し進んで行って、うつ伏せになり、祈って言われた。『父よ、できることなら、この杯をわたしから過ぎ去らせてください。しかし、わたしの願いどおりでは

なく、御心のままに。』（マタイ26・37‐39）

「イエスは苦しみもだえ、いよいよ切に祈られた。汗が血の滴るように地面に落ちた。イエスが祈り終わって立ち上がり、弟子たちのところに戻って御覧になると、彼らは悲しみの果てに眠り込んでいた。」（ルカ22・44、45）

闇の中で光を見いだしていくことは容易なことではなく、人間である限り、自己の内面の心情との壮絶な闘いが求められていることは、見逃してはならないことだと思います。

現代になってから、パリのテロ事件で最愛の妻を殺された夫、アントワーヌ・レリスさんの証言を、ここで紹介することができます。彼は、ネット上にテロリストに向けた手紙を載せて、自らの心情、心根を明らかにします。

「金曜の夜、君たちはぼくにとってかけがえのない人の命を奪った。彼女はぼくの最愛の妻であり、息子の母親だった。だが、ぼくは君たちを憎まないことにした。君たちが誰か知らないし、知りたくもない。君たちの魂は死んでいる。（中略）決して君たちに憎しみという〝贈り物〟をあげることはない。君たちの望み通りに怒りで応じることは、君たちと同じ無知に屈することになる。君たちは、ぼくが恐怖におののき、隣人に疑いの目を向け、安全のために自由を犠牲にすることを望んでいるのだろう。だが君たちの負けだ。ぼくは変わらない。（中略）もちろん、ぼくは悲しみに打ちのめされている。君たちの小さな勝利を認めよう。でもそれは長くは続かない。妻はいつもぼくたちとともにあり、再びめぐり会うだろう。君たちが決してたどり着けない自由な魂の天国で。」

この手紙は、ネット上で多くの人々の目にとまり、称賛を受けますが、しかし、彼は、「憎まない」という宣言は、自分の内にますます深くなっていく悲しみと怒り、復讐心にのみ込まれることのないように、そして一回限りの人生が、憎しみと悲しみに覆われたままで終わらないように、自分に言い聞かせるためであったとその心の内を明らかにしています。

このアントワーヌさんには、「愛は、憎しみよりも尊いことだ」という彼の人間哲学、価値観が生きていたことに留意したいと思います。その価値観を闇に覆われて苦しみもがく自らに言い聞かせて、自らの心の内の人間としての心情と闘いながら、闇から抜け出そうとチャレンジしていることです。

深い闇に覆われて、苦しみもがくとき、このような価値観、人間哲学や、たとえ神が沈黙しているように思えても、キリストのように神と向き合おうとする姿勢は貴重です。それが、闇の中の光をもたらしてくれることになるからです。

❸家族によってもたらされる闇

最後になりますが、次に、現代日本の社会で生きている人々の根底を蝕《むしば》んでいる病、闇に光をあてたいと思います。

現代社会を見つめていくとき、現代日本社会に生きている人の多くが、その心の奥に、深い闇に覆われ、それを抱えながら生きているのではないかと思わせる現象が目につきます。

10人に1人が鬱に覆われているといわれていますし、虐《いじ》めによって登校できなくなってしまった子どもたち、それに、家に引きこもって家族以外に人間関係を作れなくなってしまう中高年の人たちも、目につきます。人知れず一人ひっそりと亡くなっていく人たちや、時おり火山が爆発するように何の理由もなしに周りの人たちを殺傷していく事件などを起こす人たちも目につきます。

こうした現象をみていくとき、わたしには、日本の社会に生きる人々の大半が、程度の差こそあれ、何らかの形で、闇に蝕《むしば》まれてしまっているのではないかと思われてくるのです。そして、その理由として社会学的には、さまざまな要因が指摘できるかも知れませんが、その主因が、わたしには、社会のシステムに家族が呑み込まれて、人間関係の希薄さ、特に家族が本来の機能を果たせなくなってしまっているところにあるように思われるのです。

人間には、かけがえのないオンリーワンとして肯定されたい、あたたかく柔らかで、とげのない心で包まれたい、そして心に触れ、心をもった存在として交わり、人間として自分らしく生きたいという根源的な願望、飢え渇きがあります。この飢え渇きを根本的に満たしてくれる共同体は第一に家族です。この飢え渇き、願望が、家族の中で満たされることによって、人は人生を歩んでいく力を育んでいくことになりますし、生きてきてよかったという思い、幸せ感を心底味わうことができるようになります。

ところが、現代日本社会の家族、家庭は、この願望に応える力を弱めてしまっているのです。それが一人ひとりの心の奥に深い闇を生じさせてしまっているように思えるのです。

一歩家の外にでれば、外は弱肉強食の世界です。それぞれ、自らの欲求、欲望の充足を求めて生きていますから、ちょっとでもすきを見せれば、利用されたり、だまし取られたりして、人の欲望・欲求の餌食にもなってしまいます。

また家の外では、周りの人々の求める基準、物差しに合わせなければなりません。その基準、物差しに合わなければ、軽蔑されたり、差別されたり、排除されたりして仲間外れにされ、職場からも追い出されることになってしまいます。

さらに家の外では、人は番号で整理され、組織の中の歯車とされ、交換可能なスペアのような存在として扱われ、役に立つ、立たないで評価されてしまいます。

多くの人が、ストレスとプレッシャーによって、心身に変調を来したり、堪えられなくなって鬱になったり、人と出会うことに怯えて、家の外に出ることもできなくなっていくのは当然です。

それに反して、世界の中のたった一人のかけがえのない、オンリーワンとして認め、肯定されたいという飢え渇きに応えていく共同体が家族です。

家族の中の関わりは、女性ならば、男性ならば、子どもならば、誰でもよいという共同体ではありません。互いに、それぞれがかけがえのないオンリーワンとして肯定されたいという人間の根源的な飢え渇きに応え合っています。つまり、妻にとっては夫が、夫にとっては妻が、そして子どもにとっては親が、それぞれのかけがえのない存在として肯定されたいという飢え渇きに応えているのです。

家族の間で、互いにかけがえのない存在として受け入れられ、大切にされているということを実感できるとき、それぞれは、互いに心穏やかに人生を歩んでいくことができ、心は落ち着き、生きていく喜びや満足感に包まれることになります。また、周りの人々に対する信頼感も深め、周りの人とのあたたかな交わりを育てていくことができるようになります。

しかし、残念なことに、家族の中に一般社会の論理が入り込んできて、家族が社会の営みに振り回されて、この人間をあたたかく、かけがえのない存在として受け止めていく力を弱めてしまっているのです。

また親たちの未熟さ、人間としてのゆがみも見逃すわけにはいきません。人格的に未熟でゆがんだ親たちのもとで過ごさざるをえない子どもたちの多くは、その心に深い闇を抱えることになります。

その悲しい姿を幼年期に親からネグレクト（育児放棄）されたり、暴力を受け続けたりした子どもたちの中に、具体的に指摘することができます。

ネグレクトする親や暴力を振るう親の下で日々を過ごさなければならない子どもたちは、かけがえのない大事な存在として大切にされるという体験をしないままに育っていくことになります。こうした子どもたちの多くは、自分はいてもいなくてもどちらでもよい存在だという不安感、自分は無価値だという不全感や自己嫌悪感という闇を抱えたまま生きていくことになります。

また、親の身勝手な振る舞いや暴力に常にさらされて心を緊張したまま成長していくことになりますから、その心の奥に人に対する不信感を育み、成人しても周りの人に心が開くことも、楽しく交わることもできず、また前向きに社会に関わっていくことも困難になっていきます。

そのような子どもたちの中には、その心の中に怒りという闇を蓄えてしまう者も少なくありません。親の言動に振り回されて、怒りを溜め込み、怒りの塊のようなものを心の内に育てたまま成長し、学校や職場、あるいは周りの社会に、何かのきっかけでその怒りを爆発させてしまう場合もあります。

怒りを爆発させて事件を起こした人たちの裁判記録を見ていきますと、その生い立ちに同じような問題点を指摘することができます。

たとえば、歩行者天国にトラックで飛び込んでいって多くの人のいのちを奪ったり、傷つけたりした青年の裁判記録には、上昇志向の強い母親から、幼い頃から公文式の勉学を強制され、一つでも答えを間違えると、罰として水を張った浴槽に頭を沈められたとか、あるいは母親の気に食わないことをしたときには、罰として床に並べられた食べ物を犬食いさせられるようなこともあったなどと、記されています。父親は、息子を一流の人間に育てたいという妻の一方的な思いに引きずられ、その家族の中では、存在感を失っていたということです。

また池田小学校の教室に押しかけて何十人という子どもたちのいのちを奪い傷つけた犯人は、坂本龍馬の生まれ変わりだと自負して、家の中でも木刀を手にして暴力を振るい続ける父親のもとで、日々怯えながらすごしていたと記されています。

実に、肯定されたい、あたたかく包まれたいという根源的な願望が無視されたり否定されたり、周りに呑み込まれたりしてしまうと、自分を認めない周りに対して不満や苛立ちを抱えながら生きることを余儀なくされ、周りの人との健全なコミュニケーションを育てていくことも困難になり、生涯にわたって自信喪失、不全感、孤立感という闇を抱えたまま生きることになります。こうして育った子どもたちが、厳しい社会の論理に適応していくことができるはずがありません。

今、日本社会に求められることは、家族・家庭が本来の機能を取り戻し、一人ひとりを、かけがえのない存在として、とがめず、求めず、裁かず、包み込んでいく柔らかでとげのない温かさ、柔らかな心を取り戻すことです。それが、闇を照らす光になります。そのために、愛を学ぶことです。

十字架への歩みの途上で、この人々は何をしているか分からないからゆるして欲しいと祈り、息を引き取る寸前に、生涯にわたって酷い過ちを犯し続けてきて、そのためにこの世界から抹殺されていく極悪人にも、慰めと希望のことばを与えたキリストの人間に対する誠実と真実が、現代の日本社会が最も必要としていることともいえます。

キリストが、ゲッセマネの園で必死になって神に求めたものは、人類に対する真実で誠実な愛を貫く力ではないかと思われるのです。

病と老いと死、とその後の「いのち」

――キリスト教が理解する終末

カトリック教会の伝統の中での終末の受け取り方

今回のテーマは、「キリスト教が理解する終末」になっていますが、最初に明確にしておかなければならないと思うことは、「キリスト教が理解する終末」ということばの受け取り方です。というのは、この「終末」ということばは、カトリック教会の歴史の中では、どちらかというと、歴史の終わり、世界の終わり、そしてそれと同時に行われる裁きと関連づけられて受け止められ、説明されてきているからです。そのように理解されて、このコースに申し込まれた方もおられるのではないかと思うからです。実に、世の終わり、そしてキリストの再臨についての信仰は、初代教会の信者たちの間では、無視することができないほど大きなウエイトを占めており、「終末」ということばは、世の終わりの裁きと関連づけられて理解され、それが現代のカトリック教会にも受け継がれているからです。その根は新約聖書にあります。キリスト自身が、しばしば、世の終わりについて非常にはっきりと語っていることです。

「警戒せよ、あなた方は、その日、そのときを知らない」（マタイ24・36）とか「主人は思いがけないときに来て、彼を引き裂き……」（マタイ24・50）とか「よい麦と毒麦とを分ける、毒麦は火の中に投げ込まれる」（マタイ13・36－43）などなど。

またパウロも、その手紙の中で、それがいつになるかは分からない、と断りながら、キリストの再臨についてはっきりと言及し、そのときのために準備するよう呼びかけたり（テサロニケ一 4・13－5・1）、世の終わりが近いと思い込み、もう働く必要もないと考えている信者たちを強くいさめたりなどもしています（テサロニケ二 3・6－12）。

さらにヨハネの黙示録（20・1－10）には、キリストの再臨について語っている箇所があります。キリストが再臨し、1000年間治め、至福の王国をもたらすというものです。しかし、その後また、新たな歴史が始まり、最後に世の終わりが訪れ、究極の裁きが行われるというものです。

この黙示録の「1000年王国」に関しては、実にさまざまな解釈がされてきました。それが具体的にどのようなものであるか、その詳しい説明は別の機会に譲るとして、その解釈がどうあれ、新約聖書の文脈からは、誕生したばかりの初代教会の信者たちの間に、世の終わりが近く、キリストが近いうちに再臨してくる、そしてそこで正義の裁きが行われることを、熱い思いをもって待ち望む信者たちが少なからずいたということが、伝わってきます。

初代教会の中にキリストの再臨に対する期待が強かったのは、その背後に、信者たちが置かれていた厳しい状況と無関係ではありません。当時、教会はローマ帝国によって弾圧され、信者たちは公然と社会の表に出て活動をすることができず、苦しい思いをしており、抑圧された苦しい状況から解放されるときとして、世の終わり、そしてキリストの訪れを期待する熱い思いが、信者たちの心には生きていたということです。

キリスト教がローマ帝国に認められ、国教となった後も、キリストが再臨するという信仰は受け継がれ、ニケア公会議によって「生ける人、死せる人を裁くために来られる主・キリストを信じます」という文言が、信仰箇条の中に組み入れられていきます。ところが、キリスト教がヨーロッパ社会の隅々にまで浸透し、教会がヨーロッパ社会全体の安寧と秩序の責任を担うようになった頃から、世の終わりについての意味づけが変わってきます。苦しい抑圧からの解放の時としての世の終わりの意味づけは背後に退き、善人には報い、悪人には厳しい罰を与える究極の神の正義が行われる時としての意味づけが前面に出るようになります。それは、教会がヨーロッパ社会全体の秩序と安寧の責任を担うようになったことと無関係ではありません。

中世期になってから、教会は、統治という観点から、「神は万物の主宰者であり、究極の正義である」という神理解を前面に押し出して、さらに教皇は地上における神の代理者であるということを強調し、教皇は三権の長という認識のもとに教会法を体系づけ、教会法に基づいた統治を行うようになります。法に背く者に対する裁きが、神の名によって頻繁に行われるようになります。異端審問などがその最たる例です。

こうした流れの中で終末論が深められ、一人ひとりが死んだ直後に行われる私審判と、世界の終わりのときに公に行われる公審判、そしてその裁きによって、それぞれが送られる地獄、煉獄、天国などについての教義が確立していきます。

一般の信者たちには、カテキズムや司祭たちの説教などを介して、死んだ後の神の裁きと天国と地獄、煉獄などについての教えがあまねく伝えられていくようになります。これが、カトリック教会の中での伝統的な終末観でした。

しかし、今回のこのコースは、伝統的な教義の終末論とは別の視点に立って、人間の死、そしてその後の「いのち」について考えてみようとするものです。というのは、現代人は、中世期の人々とは違って、神の存在が必ずしも自明なことではないからであり、世の終わり、神の裁き、そして天国、地獄についての論議も、現代の人々にとっては現実感のない絵空事のような論議になってしまう恐れがあるからです。

今回、ここで、わたしは、神という存在そのものに確信を持てない現代の人々の視点に立って、わたしたち人間の誰もが迎えなければならない終末、つまり、「死」をどのように捉えて、どのように向き合ったらよいのか　改めて確認しながらその流れの中で、死の後の「いのち」そしてまたカトリック教会の中で受け継がれてきた裁きについて考えていきたいと思っております。

1　死についての考察

死とは、そもそも何か？

最初に、死というものを、普段わたしたちが、どのように捉えてきているか、確認してみたいと思います。

国語辞典によりますと、「死ぬ」の語源は、シイヌ「息去」だとされています。それは、「息を引き取る、息をしなくなったこと」が、一般の人々にとっては、死をはかる最も分かりやすい物差しだったからだと思います。確かに、息が止まってしまえば、身体の機能が止まり、何かを求めたり、動いたりすることができない状態になります。医学が発展した現代においては、別の定義の仕方があるかも知れませんが、今もって、多くの人は、素朴に「息をしなくなること」を身体の機能が止まってしまったことの証しとして捉え、それを死と理解しているのではないかと思います。

ところが、「死」という漢字の起源を確認していきますと、古代中国の人々は、単に息を引き取るというレベルで捉えていなかったことが明らかになってきます。

死という漢字は、「歹」と「ヒ」で成り立っています。「歹」は切り取られた骨切れ、白骨を示しています。「ヒ」は、「跪《ひざまず》く人」の象形です。したがって「歹」＋「ヒ」からなる「死」という漢字は、人間の表面を覆っていた肉が腐敗し、それまでの人間としての姿・形が完全に失われ、骨だけになってしまった状態を表しているということになります。つまり古代中国の人々は、単に息を引き取ったというだけのレベルではなく、人間としての動き、働きが全く期待できない、骨になってしまった状態を「死」と理

解していたということが分かります。

こうした「死」の反対の極にあるのが、「生」という漢字です。

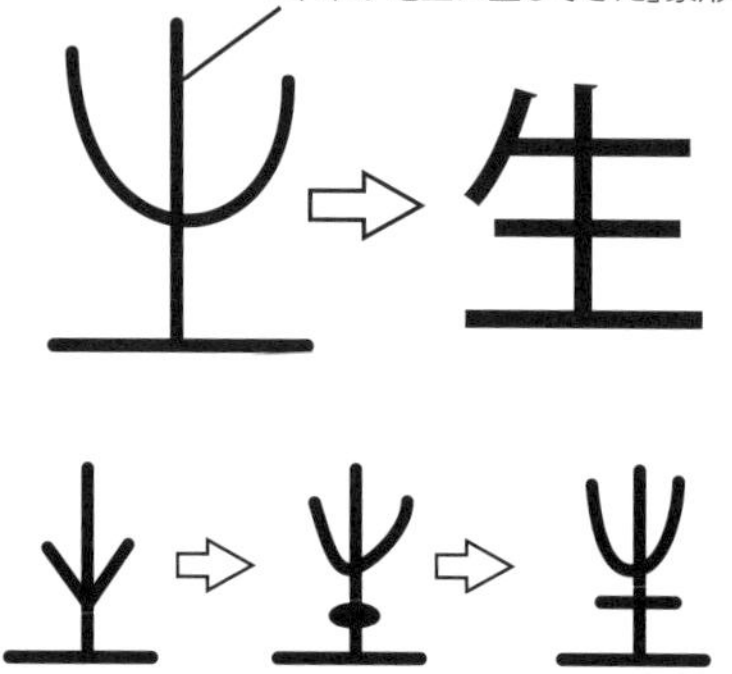

「生」という漢字は、「土」の文字から縦棒が成長して芽を出している象形文字です。地面から草が生えてくる様子を表した形だということです。植物が土から成長して〝いきいき〟している様子を表しています。古代の人々は、その様子を見て、生命力を感じ、それを「生」という漢字で表したということです。骨だらけになって動きが全く期待できない状態になった「死」とは、正反対のものがそこに指摘できます。

またヘブライ語の世界でも、「生」の特徴を、「必要なものを求め続けることにおいていた」ことも紹介しておきたいと思います。それは、「生」を表すことば「ネフェシュ」から分かります。このことばもまた、「骨」だけになって動きが完全になくなってしまった「死」の反対の極を示すものです。

この「ネフェシュ」は、元々は食べ物を求めて大きく開いたのどを表していたそうです。そこで強調されるのは、何かを求めようとする姿です。日本語訳聖書の中では、文書の前後の流れからさまざまな訳が試みられていますが、「生きるもの」と訳しても間違いではありません。求めなくなったら、生きているといえないからです。

ヘブライの世界では、「あなたは土から取られたのだから、土に帰ることを覚えるべし」ということばからも明らかなように、「土」が死のシンボルになっております。骨ではありません。「生きるもの」は、植物もそうですが、必要なものを求め、それを自分の内に取り込みながら、頭《こうべ》を上げて高みに向かって伸びていきます。「土」は、ただただ横たわっているだけの存在であり、「生」とは逆のものです。

日本、中国、ヘブライの世界が、死をどのように理解するか、微妙な違いはありますが、「動きが止まった、何も求めなくなった状態」という点では、共通するものがあります。

このように「死」と「生」のありようを確認していくことによって、わたしたちのテーマにとって、無視することができない重要な問いがはっきりと浮かびあがってきます。

つまり、わたしたち人間が骨になって、動きが止まり、何も求めなくなってしまったとき、それで、わたしたち人間としての「生」のすべてが終わってしまうのかどうか、という問いです。それとも、たとえ、骨だらけになったとして、それで、人間としての生は終わるのではなく、何かを求め続け、人間としての自らを豊かにしていくことができるのかどうかという問いです。

人間イコール身体と捉え、それで割り切ってしまえば、死とともにすべてが失われることになります。しかし、人間としてのこのわたしは、身体は滅んでも、それで終わらない、人間としては求め続ける動き、働きがあり得るという理解ができれば、その後のいのちと裁きについて考え論じていく意味が出てきます。

人間は即身体そのものなのでしょうか。それとも、身体の営みに左右されない、身体の営みを超えた何かがあるのかどうか、見極めていく必要があります。

身体的な死を超えたいのちを説明するためには、人間は肉体と霊魂からなっていると理解すれば、簡単に答えは出てきますが、肉体と霊魂という理解で、現代人が納得できるような説明が可能かどうか、それが問題になります。

その点については後ほど触れるとして、その前に先に死の特性について、確かめておきたいと思います。死の特性を明らかにすることによって、わたしたちの日常の生き方の中に潜んでいるわたしたちの問題点を明らかにしていくことができると思うからです。

死の絶対性、平等性、等距離性……

「死」には、いくつかの特徴があります。その第一の特性は、誰一人免れることができないもの、誰も避けることができないもの、という点です。どんなに科学や医学が発展・進歩しようが、そしてどんなに健康に配慮してサプリメントを飲み、医者通いをしても、死を避けることも克服することも、わたしたち人間には絶対不可能なことなのです。身体は、必ず、疲れ、衰え、いずれは倒れていくものだからです。パウロも、コリントの信徒への手紙一の中では、「死は、最後の敵」(15・26)と明言しています。「死」は、わたしたちの人生の歩みに厳然と立ちふさがるものであり、死の前では、わたしたち人間は、全く無力で、常に敗者なのです。

死のもう一つの特性はその平等性にあります。死は人を差別せず、依怙贔屓《えこひいき》もせず、選り好みもせず、すべての人に同じように訪れてきます。社会の底辺のまたその底辺で生きている人にも訪れてきますが、権力の頂点に立つ人にも訪れていきます。またその日の糧にも苦労しながら生きている貧しい人にも訪れますが、豪邸で贅沢三昧に人生を楽しんできた人々にも同じように訪れます。

また、社会を混乱させるような大きな犯罪を犯した人にも訪れますが、社会の発展に貢献し、いつまでもそばにいて欲しいと多くの人々から慕われるような人にも、死は訪れます。この点では、死は忖度《そんたく》とは無縁ですし、賄賂も通じません。

また情状酌量もせず、時として親から子どもを奪ったり、幼い子どもから親を奪ったり、問答無用な形で愛する者の間を引き裂いたりして、残酷と思えるほどの悲しみやつらさを与えてしまうこともあります。

死のもう一つの特性は、等距離性です。すべての人の人生の歩みに陰のように寄り添い、わたしたちがどこに行っても離れずついてきて、いつでも襲いかかることができるよう、虎視眈々《こしたんたん》と自らの出番を待っています。死の可能性がない安全な場は、この世界にはないということです。

「自分は若いから、健康だから、自分は死から遠いところにいる」「病気だから、年老いているから死に近い」というわけでもないのです。死は、すべての人の傍らにいて、誰もが予想もしないときに、予想もしない場所でも、予想もしない形で、その姿を現します。

たとえば、今年こそ福袋を手にいれようと、デパートの開店と同時に店に飛び込んで、そこで転倒し、興奮した大勢の客にもまれて心筋梗塞をおこして息絶えてしまう人もいれば、楽しい思い出に残る家族旅行の帰りに飲酒運転の車に追突されて川に落ち、家族全員がいのちを失ってしまったという事件もありました。秋葉原事件や竹下通りの事件に見られるように、意図的に飛び込んできた車によって跳ね飛ばされていのちを失ってしまった人もいます。家の中は最も安全だと思っていても、突然の地震や集中豪雨によって家屋が流されて、そのまま死に呑み込まれてしまう人もいます。

人間が死から逃れようとして安全だと思うところに行っても、死はついてくるのです。この点について、ヴィクトール・フランクルが、強制収容所での自らの体験をまとめた著書『夜と霧』の中で、興味深い寓話を紹介しております。イスラム教徒の話です。

サウジアラビアのある地方に住むある男が、首都メッカに巡礼に行きます。巡礼者としての勤めを果たした後、彼は旧交を温めようと、メッカに住む友人を訪ねていきます。友人は彼を歓待します。夕食を終え、夕涼みをかねてベランダに出たときのことです。男は、庭の片隅に青白い顔をした死に神を見つけます。それを見た男は、この家は死に神の住みかだと思い込み、死に神に取りつかれてはかなわないと思い、泊まっていけという友人の誘いを断り、夜が更けているにもかかわらず、安全な我が家を目指して馬の背にまたがって飛び出していきます。

友人を見送った家の主人は、庭にいる死に神をとがめます。「お前は、せっかく訪ねてきた友人を驚かしてしまった」と。ところが、死に神の方がいい返します。「驚いたのは、わたしの方です。彼がまだこんなところにいたのですから。実はわたしは、明日の朝、彼の家で彼と会うつもりだったからです」と。

しばらく経ってから、男の家から知らせがきます。ほうほうの体で家にたどり着いた男が、家にたどり着いた瞬間に倒れ、息を引き取ったという報告が寄せられるのです。この寓話は、フランクルの残酷な体験に基づいたものです。

ドイツの敗戦が濃厚になったときのことです。強制収容所の看守たちは、ある日、「囚人たちを解放する」といって、収容所の前に数台のトラックが用意されます。死が支配する収容所から一刻も離れたいという思いから、元気な囚人たちは、老人や体力のないものたちを差し置いて、我先にトラックに乗っていきます。トラックは，大勢の囚人たちを乗せて出発します。トラックに乗れた囚人たちは喜びに包まれます。乗り遅れた囚人たちは気を落とします。ところが、我先にトラックによじ登ったものたちは、森の奥の農家に連れて行かれ、そこに押し込まれ、火をつけられて全員殺されてしまいます。死なずにすんだ人々は、フランクルをはじめとする、トラックに乗り遅れた囚人たちだったという話です。

強制収容所から生還できたフランクルは、どんなに死から逃れようともがいても、死はどんなところにもついてきて、死に神の手から逃れられる安全な場はないということを、わたしたちに証言したのです。

死から目をそらしながら生きる人間

死の特性については確認しましたが、死はいつもわたしたちを狙っており、絶対避けることができないということ、それでわたしたちの人生が終わってしまうものだということを、わたしたちの誰もが、無意識のうちに承知していることだと思います。

問題は、死は人生の終わり、終末であることを承知しながら、わたしたち誰もが、死を直視することはせず、死から目をそらしながら生きている点にあります。死を、人生の目標としながら生きようとしているものは、一人もいないということです。

それがどんなに異様なことか、わたしたちがそれぞれの人生の歩みの中で立てている、さまざまな目標との向き合い方と比べてみれば、よりはっきりとします。

たとえば、今年こそ、家を建てたいとか、今年こそ結婚したいとか、海外旅行に行ってみたいとか、エベレストに登ってみようとか、売り上げを伸ばしたいとか、東京ドームを人でいっぱいにしたコンサートを開催したいとか、などなど。人は、さまざまな目標をたてたり、夢を描いたりして人生の旅を続けます。それが、わたしたち人間の活力を引き出し、わたしたちを育てています。目標を達成したときは、わたしたちに喜びを与えてくれます。

そしてまた一つの目標を達成すれば、次の目標を立てて、長い人生を歩んでいっているのです。人生は、その連続だと理解してもよいと思います。実に、わたしたちは、具体的な目標を立てたり夢を描いたりしてその達成のために努力し、生きているのです。それが生きがいとなり、生きる活力ともなり、生きる意味にもなっているのです。ところが、死が、わたしたちの終末、行き着くところであるにもかかわらず、わたしたちの究極の目標にはなっていない。それどころか、死の訪れに、混乱したり、おびえたり、もがいたり、悲しんだりしてしまっているのです。

なぜなのでしょう。その理由はたった一つです。死が、わたしたちの生の全否定になると思い込み、無に帰してしまうのではないかと思っているからです。

死で、すべてが終わってしまうと思うならば、死を避けたいと願うことは当然なことです。しかし、わたしたち人間の中に、身体を超えた飢え渇きがあるとするならば、死は一つのプロセス、次のステップへのプロセスとして捉えていくことも可能になります。そのためには、わたしたちの中に、身体的な飢え渇きを超えた営みがあるかどうかを、見極めていく必要があります。

わたしたちの中の身体的な営みを超えた営み

それでは、次に人間としてのわたしたちのなかに、身体を超えた営みがあることを、証明したいと思います。あまり抽象的な議論にならないよう、極めて日常的な例を挙げながら説明したいと思います。

ここに100歳を迎えたAさんがいたとします。100歳の誕生日を迎えて、家族が集まってきたとします。その祝いのため、Aさんの3人の子どもたちと、孫たち、曾孫たち合わせて30数人が集まったとします。

Aさんにはたくさんの思い出があります。Aさんは、孫、曾孫などに包まれながら、自分の生涯を振り返り、語り始めます。

たとえば、3歳になって幼稚園にはじめて行ったときの喜び、その際、幼稚園の制服を着せてもらったことの誇らしかったこと、幼稚園の運動会で転んで泣いてしまったこと、さらにまた小学校に入ったとき、先生から薦められて読んだ本がとても面白く感動したこと、それ以来本が好きになったこと、高校生になってから真剣に将来のことを考え、看護師を志そうとして看護大学に入学できたこと、卒業して病院に勤め始めたときの感動。

さらにまた患者として入院してきた若い青年にプロポーズされて、その青年と付き合いを始めて、結ばれたこと。また最初の子どもが流産してしまったときの悲しみや、その後、子どもを授かったときの感動。さらにまたサラリーマンの夫が仕事で忙しく、帰宅がおそくなったり、家族を顧みてくれないようになったりしたときのいら立ちや不満、さらにまた夫のメールから、夫が他の女性と付き合っていることが分かったときは、怒りと悲しみで混乱し、一時は離婚まで考えたこと、しかし、夫が、過労で倒れ、若くして天国に召されたときの喪失感や夫を大切にしなかったことへの申し訳なさに責めさいなまれたこと。その後、子どもたちを支えにして生き、働き続けてきたこと、さらに子どもたちの笑顔を見ることによって、病院での疲れが癒やされてきたこと。今は、感謝しか残されていない、天国に行ったら、夫に、その後のすべてを報告したいなど……。100歳というのは別にして、Aさんが生涯に遭遇したり体験したりしたことは、多かれ少なかれ、誰もが体験し、経験しているものです。

ここで指摘したいことは、100年の歳月を貫くものが、Aさんの「わたしそのもの」だということです。そのすべての体験・経験にAさんの「わたしの」という主語がつきます。わたしの幼稚園、わたしの友達、わたしの感動、わたしの悲しみ、わたしが勤めた病院、わたしの患者、わたしの夫、わたしの愛、わたしの憎しみなどなどと。小学生になったときも、病院に勤めるようになったときも、プロポーズを受け止めたときも、さらに流産して苦しんだときも、子どもたちがその後、次々と生まれてきたときも、その主体は、あくまでもAさんの「わたしそのもの」なのです。

またAさんの「わたしそのもの」は、身体を媒介にしてこの世界と出会い、この世界とつながり、その出会いとのつながりから刺激を受けたりして、自らを豊かにしてきているのです。

Aさんの関わる具体的なものは、Aさんの身体の成長とともに変わっていきます。関わる世界、出会う人は変わっても、Aさんの「わたしそのもの」は、一貫しているのです。Aさんの「わたしそのもの」が、実にAさんの人生のすべての歩みに一貫性と統合を与えているといえるのです。

このAさんの「わたしそのもの」を、わたしは、「霊魂」と呼びたくはないのです。「霊魂」ということばには、それぞれの人間の固有の顔が浮かびあがってこないからです。人は皆一人ひとり、かけがえのない存在として、一人ひとりが「このわたし」として生きているからです。

身体とは別の次元のものであるという意味で精神的な存在ですが、しかし、一人ひとりかけがえのない「このわたし」として生きているということを、わたしは強調したいと思っております。

Aさんの「わたしそのもの」が精神的な実体であることは、日常のわたしたちの心の中に浮かびあがってきて、心の底からの喜びなどを奪ってしまうさまざまな心情から確認することができます。

虚無感、空しさ、孤独感、羞恥心、罪悪感、自殺願望などなどがそれです。こうした心情が身体の営みからではないことは、動物には見られないものだということからも、分かります。

たとえば、羊の群れに襲いかかって、子羊を餌食にしてしまったライオンは、我が子を奪われた親の羊がどんなに悲しむかなどは、全く考えないでしょうし、どんな酷い残酷なことをしたか振り返ることもしないでしょう。また罪悪感にさいなまれることもないでしょう。ところが、わたしたち人間には、人を殺めたりしてしまったら、その心の中に罪悪感が生まれ、いつまでもそれに苦しめられることになります。

ライオンには、獲物を捕って、満腹し、昼寝して、また獲物を探しに行くという日々に、空しさを抱くことはないでしょう。ところが、大企業に就職し、残業に残業を重ね、家庭を顧みずに働いて、職場の仲間からは重宝がられ、称賛され、経済的に安定した生活に恵まれた生活をしていても、時として心の奥から空しさなどが浮かび上がってくることは、どうしようもありません。それもまた動物たちとは無縁のものです。人間固有のものです。

仲間たちとどんなに楽しく談笑し、酒を酌み交わしても、時として孤独感、孤立感にさいなまれてしまうことが、しばしばあります。それは、どんなに仲の良い夫婦の中でも避けられないものです。そんなわたしたち人間の孤独感、孤立感は、人間だけのものです。

またこの人こそと信頼し、夫婦の契りを交わした相手が裏切り、他の異性に走っていってしまったときの心の中の葛藤、妬み、怒り、復讐心なども、動物にないものです。さらにまた、残酷な人生の重圧と孤独感に耐えかねて、死んだ方がましだと願い、その願望に引きずられて、自らいのちを絶ってしまうというようなことも、人間固有のものです。動物たちの世界では決して見られないものです。こうした罪悪感、虚無感、孤独感、自殺願望などなどは、身体の営み、脳の営みでは説明できるものではありません。それは、あくまでも、人間としての「わたしそのもの」の苦しみ、悲しみ、罪悪感、孤独感なのです。それは、実に一人ひとりの「わたしそのもの」が精神的な実体であることの証として受け取ることができるものです。

人間としての「わたしそのもの」の飢え渇きとは

「空しさ」「虚無感」「孤独感」「罪悪感」「自殺願望」などが、わたしの心に浮かび上がってくるのは、なぜか、その理由を見極めていくことが求められます。見極めていくことによって、人間としての「わたしそのもの」が何を求めているかが明らかになってきます。

たとえば、自殺願望が芽生えて、それに突き動かされて走ってしまう人に欠けているものは、生きていて欲しい、あなたがいるだけでうれしい、あなたは大切な存在だと、肌感覚で分からせてくれる他者のあたたかなBeing（存在）です。「仕事、仕事」に追われてしまった人たちの心の奥に静かに現れてくる空しさ、孤独感は、周りの人との人間としての真実の交わり、心の触れ合いの欠如の現れです。また罪悪感は、自分の身勝手な欲望で、人の生を破壊したり奪ったりして、人を不幸にしてしまった申し訳なさから生まれてくるものともいえます。

そのいずれからも透けて見えてくるものは、人とのいのちの営みに対する敬いの欠如、人のいのちに触れ、人のいのちとの交わりの欠如、あるいは、無視、軽視です。そこから、人間としての「わたしそのもの」が求めているもの、切に求めているものが、いのちとの触れ合い、交わりであることが明らかになってきます。空しさも、孤独感も、「このわたしそのもの」の求めているものを満たすことを怠ってきてしまったことによるものといえます。

それは、パウロが「たとえ天使のことばを語ろうとも、……たとえ、全財産を人のために使い尽くそうとも、誇ろうとして我が身を死に渡そうとも、愛がなければ、わたしに何の益もない」（コリント一13・1－3）と語る愛の欠如ということになります。

むすび　委ねと感謝

身体の営みの衰えをもたらす病、そして老いを迎え、死が避けられなくなることは、身体に依存しながら生を営まなければならない人間にとっては、確かにつらいものです。身体が衰えることによって、さまざまな否定的な心情に覆われるようになっていきます。周りの世界とのつながり、交わりが思うようにできなくなり、この世界から自分の居場所が失われていくことの心細さ、それに伴う憂い、寂しさ、自信喪失、そしてどこに身を置いたらよいのかという不安です。さらにまた、そこに愛する人たちとこれまでのように交われないという寂しさ、つらさ、別れの悲しさも加わってきます。

また、身体の終わりとともに自分の生のすべてが終わってしまうのではないかという不安と恐れも、生じてきます。

それは誰もが体験しなければならないものであることです。たとえ、神への強い信仰の持ち主であっても、人間である限り、避けることができないものだと思います。それを少しでも和らげるために、そしてこうした否定的な心情を乗り越えていくためには、人間としての「このわたし」が切に求めているものが、いのちとのあたたかな交わりであるという観点に立ってみることです。

人間的な視点にたてば、スキンシップです。手を握り合う、からだをさする、抱きしめるなどなどで、いのちの温かさが伝わっていきますし、さらに心のあたたかさ、優しさが伝わっていきます。さらにまた、罪悪感などにさいなまれている人には、その心のおびえを和らげていく赦しの世界を示していくことも、大事なことです。

この点でガンに蝕まれ、余命幾ばくもなくなった方のケースを思い出しました。70半ばで帰天されましたが、彼の過去には、大きな過ちがありました。

職場に勤め、順調に歩んできていた彼が役職に就き、40代半ばになった頃のことです。大学を卒業して入社してきた若い女性の相談に乗っている内に、男女の仲となり、連れ添ってきた妻と三人の育ち盛りの子どもたちがいるにもかかわらず、離婚し、生きてきた男です。相手の女性は、10数年生活をともにしながら病死。一人になった彼は、病床から、以前の妻と子どもたちに赦しの手紙を書きます。

しかし、妻も子どもたちも、それを拒絶し、彼は、家族からは赦されないままに亡くなっていきましたが、そんな彼の最後の支えになったものは、ルカ福音書が伝える放蕩息子のたとえ話でした。神は、こんな自分をも受け入れてくれるだろうという神への信頼が、彼の最後の希望となっていきました。

最後のわたしたちの希望を、神が、義人を招くためではなく罪人を招くためにきたと明言する柔和なキリストへの委ねになります。また神は裁きの神ではなく、わたしたち人間に幸せになってもらいたいと願う優しい神です。そうした神理解に基づくあたたかな神への委ねです。それが、死を突き抜ける光、希望になります。

この点で、リジューのテレジアの神理解は、弱いわたしたちに希望の光を与えてくれます。神は、過ちを犯しやすい、弱いわたしたちを創造したのだから神に責任がある。そんなわたしたちに、もし、神が完全さを求め、それに応えられないときは、わたしたちを裁くということであれば、それは、もはや正義ではない。神は、弱いものから完全さを求める独裁者と同じことになる。

テレジアは、神の本質は、正義の神ではなく、あわれみにあると理解し、神の優しさへの信頼と委ねを武器にして生きる道を、わたしたちに明らかにした聖女です。そんな彼女を、ヨハネ・パウロ2世は、21世紀のはじめに教会博士と宣言し、彼女が示したメッセージの正統性の裏付けを行ったのです。

死後のいのちは、神のあたたかで豊かないのちに包まれたいのちになります。神の優しさ、あたたかさに信頼し、その懐に飛び込んでいく者に対しては、裁きは消えてしまうということになります。

最後に、ここでエリク・エリクソンのライフサイクルについての説明を紹介します。参考にしてください。彼は、人間の人生の歩みのサイクルを明確にし、最後は、生かされてきたことを深め、感謝していくことに人間としての「このわたし」の究極の完成があるということを明確にした深層心理学者です。

感謝とは、別のことばに言い換えれば、人は一人では生きていけない、誰かと出会い、いのちに触れ、包まれ、あたためられて、支えられて、そうしてはじめて生きる力、そして喜びを与えられ、人生を歩んでこられたという事実に対するものです。わたしたちの人生の最後は、そこに行き着きます。感謝の心が溢れる世界は、空しさと、孤独感とも、罪悪感とも、無縁の世界です。それは、わたしたちの心を固くして、用心深くし、閉ざしてしまう一切のものが溶けてしまうさわやかな世界を、わたしたちにもたらしてくれるものです。

聖霊について

今期の日曜講座のテーマは「聖霊」についてです。キリスト教を理解していくにあたって、「霊」についての理解は不可欠です。というのは、聖書を丁寧に読んでみれば明らかなように、聖書の世界が伝える重要な出来事が行われる場面では、必ずそこに「霊」の働きが指摘できるからです。
創世記1章の壮大な天地創造の物語の場面では、神の創造の業は、闇に覆われ混沌とした状況の中で、霊の働きかけとともに始まっています。

初めに、神は天地を創造された。地は混沌であって、闇が深淵の面にあり、神の霊が水の面を動いていた。神は言われた。「光あれ。」こうして、光があった。神は光を見て、良しとされた。神は光と闇を分け、光を昼と呼び、闇を夜と呼ばれた。夕べがあり、朝があった。
（創世記一1－5）

また、紀元前7世紀のバビロンの捕囚によって絶望の深い闇に包まれた捕らわれ人に解放の良き知らせを伝えていく、神のしもべを動かし導くのも、神の霊です。

キリストの生涯の物語も、聖霊によるマリアの懐胎から始まります。さらに、キリストの十字架を前にして逃げ去ってしまった弟子たちが、マリアを中心にして集まって祈っているところに降り、弟子たちを立ち上がらせ、自分たちに恐怖心を与えていた人々に向かって、堂々とキリストについて語るよう弟子たちを動かしていくのも、聖霊です。

天地創造、キリストの誕生、教会の誕生という重要なポイント、ポイントで、神の霊が働いているのです。神の霊についての理解が、聖書の理解、そしてキリスト教の理解の重要な鍵となっていることは、誰の目にも明らかです。

ところが、聖霊がそもそも何であるか、つかみ所がないために、わたしたちの誰もが、自信をもって聖霊について語ることができないでいます。聖書の中の「霊」が、どのような存在なのか、その本質を捉えることは容易なことではないからです。

今日は、このシリーズの一連の講演の初めにあたって、その難しさがどの辺にあるのか、聖書の世界の「霊」がどのようなものであるかを明らかにして、聖書の世界の神の真の姿を理解していくための道を開いていってみたいと思います。

1 「霊」について理解することの難しさ

「聖霊」ということばを口にするとき、すぐに思い浮かべるものは、「父と子と聖霊」という三位一体の聖霊ではないかと思います。しかし、この三位一体の教義も難解です。三位一体の「聖霊」について、明確に説明できる人は、どれくらいいるのか疑問です。ここでは、この教義の理解、説明は別の機会に譲るとして、一般的になぜ、「霊」についての理解が難しいのか、まずはその理由から確認してゆきたいと思います。

糸口の乏しさ

まずその一つの理由は、「霊」について理解を深めていくための具体的な糸口・ヒントが乏しいことにあります。父なる神について、そして子としてのキリストについての理解を深めていくための具体的な糸口・ヒントは、数多くありますが、「霊」についての理解を深めていくためのものは、それほど多くありません。

父なる神については、天地創造の壮大な物語をヒントとして、そこから神がどのような存在かを理解していくことができます。また「父なる神は御独り子を遣わすほど、この世を愛された」とか「いと小さいものの一人も滅びることは、天の父のみ心ではない」とか、「天の父は、これらのことがあなた方に必要なことはすべて知っておられる」とかいうキリストのことばなどからも、父なる神のイメージを深めていくこともできます。

また子としてのキリストについても、「初めにみことばがあった。みことばは神とともにあった」などと記すヨハネ福音書や「わたしは神から遣わされた」などと語るキリストのことばや、キリストのさまざまな説教からも理解を深めていくことはできます。

ところが、「霊」に関しては、そのような具体的な糸口・ヒントがほとんどないのです。たとえば、ヨハネ福音書には、キリストが、弟子たちを励まし慰めるために「真理の霊」とか「弁護者」とかを遣わす、と約束したことばが記されていますが、「霊と真理」「霊と弁護者」が、どのように結びつくのか、その文脈からは、皆目分かりません。

ヨハネ福音書三章には、夜遅く訪ねてきたニコデモに対して、キリストが「霊」の働きについて、「誰でも水と霊によって生まれなければ、神の国に入ることはできない。肉から生まれたものは肉であり、霊から生まれたものは霊である」と説明している箇所が記されています。（ヨハネ3・5－6）

しかし、ヨハネ福音書は、ニコデモが、それで理解したとは伝えていません。訳が分からず戸惑っているニコデモの姿を伝えています。さらにまたその後、キリストはことばを続けて「風は思いのままに吹く。あなたはその音を聞いても、それがどこから来て、どこへ行くかを知らない。霊から生まれたものもみなその通りである」（ヨハネ3・8）と「風」の比喩で説明しようとしますが、それもまたニコデモには難解だったようです。

いずれにしろ「霊」についての理解を深めていくための具体的な糸口・ヒントが乏しい。そこに「霊」を理解していくための難しさの一つの理由があります。

歴史的背景

それだけではなく、歴史的な背景も見逃せません。過去の教会の歴史を振り返ってみますと、聖霊について公に語ることが危険視された時代がありました。その影響も無視できません。

ヨーロッパ社会全体が徐々にキリスト教化されていくにしたがって、人々を導いていく役割を担うようになった教会は、伝統的な教義に反する信者の言動や教会のありように批判的な運動などに対して警戒心をつのらせるようになり、異端審問などを制度化して、その取り締まりを強化していくようになります。それがさらに一層厳しくなったのが、14世紀、15世紀です。

14世紀、15世紀は、ヨーロッパ社会全体が、相次ぐ戦争やペストのまん延、さらに高位聖職者たちの腐敗堕落などによって混乱し、社会全体が不安に覆われていった時代です。そのような時期に、聖霊に促されたとか、神からのお告げがあったなどと語って、教会のありようを批判したり世の終わりが来るといったりして、周囲に不安を醸し出したりする人々が、数多く現れるようになったのです。

それに対して教会は、審問制度を厳しくし、公権力の力を借りて、問答無用のような形で、「霊に導かれた」とか「お告げを受けた」と公然と語る人々を断罪し、社会の表から排除していく道を選択します。

フランスのジャンヌ・ダルクなどはそうした犠牲者の典型的な例といえます。またその残酷さ、冷酷さでその悪名を後代に残したスペインの異端審問は、その時代の産物です。

こうして16世紀以降、神の声を聞いたとか、聖霊に促されたとか、導かれたとかいう言動は、信頼できない、いかがわしいものと見なす風潮が生まれ、聖霊について語ったりすることをタブー視する流れがつくられてしまったのです。

16世紀のスペインの聖女テレジアが、その自叙伝の中で、自分は霊に導かれてこのような啓示を受けたとか、幻を見たとかいう人々には、それにしたがって行動することの危険性を諭し、常識を優先し信頼できる指導者に相談し、その導きに従うよう勧告しておりますが、それもそのような時代背景によるものです。

翻訳の問題

さらにまた「霊」の理解をわたしたち日本人に難しくしてしまったものに、翻訳の問題があります。

「霊」と訳されていることばは、ヘブライ語では、「ルーアッハ」、ギリシャ語では、「プネウマ」です。「ルーアッハ」も「プネウマ」も、日本語ではこれまで「霊」と訳されてきていますが、聖書をひもといてみればすぐ分かることですが、「プネウマ」も「ルーアッハ」も、日本語の「霊」とは全く異なる実体です。ちなみに、日本語の「霊」についての通俗的な意味を確認するために、国語辞典を開いてみました。

学研の国語辞典では、「霊」は、次のように定義され、説明されていました。「霊は、①肉体に宿って、その行為を支配する働きをすると考えられるもの。霊魂。たましい。精神。②死者のたましい。③目には見えず、はかりしれない不思議な力をもっているもの」と。

一辞典だけでは不安でしたので、広辞苑にもあたってみました。そこには次のように記されていました。「霊とは、①肉体に宿り、または肉体を離れて存在すると考えられる精神的実体。たましい。たま。②計り知ることのできない力のあること、目に見えない不思議な力のあること。またその本体」と。

いずれも、「霊」は、肉体の中に宿っているものであると同時に、肉体を離れて存在する実体という点、そして人間には計り知ることができない大きな力を振るうことができるもの、と捉えている点で、両辞典は一致しております。

辞典の説明だけでは不十分と思い、「霊」という漢字の熟語を並べてみました。日本人が、「霊」をどのように捉えてきたか、おおよそのイメージが伝わってきます。「霊魂、英霊、慰霊、亡霊、幽霊、死霊、心霊、霊安室……」などの「霊」は、亡くなった人の魂や肉体に依存しない存在を示しています。また「霊験、霊気、霊妙、霊域、霊威、霊感……」などに共通する「霊」は、わたしたち人間の知性・感覚では把握することのできない存在が、周囲に醸し出す、神的な現象や世界を示しています。

ところが、聖書の世界の「ルーアッハ」には、そのような意味は全くありません。実際に「ルーアッハ」が使われている箇所をみれば明らかです。

たとえば、出エジプト記。エジプトからモーセを先頭にして逃れて、紅海の岸辺までたどり着いたイスラエルの民を助けようとする神の働きを語っている箇所です。そこでは、「ルーアッハ」は、「霊」と訳されていません。


「憤りの風によって、水はせき止められ、流れはあたかも壁のように立ち上がり、大水は海の中で固まった。(中略)あなたが息を吹きかけると、海は彼らを覆い、

彼らは恐るべき水の中に鉛のように沈んだ。」（出エジプト15・8－10）

憤りの「風」と訳されている「風」も息を吹きかけるの「息」も、原文では「ルーアッハ」です。

人々を救わなければ、という神の思いが、「憤りのルーアッハ（風）」を興し、「ルーアッハ（息）」を吹きかけて、ファラオの軍隊を海の中に沈めていくのです。もし、「霊」と訳すとおかしなことになります。「霊」と訳してしまっていたら、具体的に人々を救いたいと願う神の熱い思いも、神の力強さも伝わってこないことになります。

この場面からはっきりといえることは、「ルーアッハ」は、「幽霊」の「霊」のようなものでも、「霊界」の「霊」や「霊気」の「霊」のようなつかみ所のない実体でもなく、明確な意思をもった神の働き、つまり人々を具体的に助けようとする神の愛と力の現れということです。

このように聖書の中の「ルーアッハ」の働きを確認していくと、単純に「霊」と訳してしまうことは、大変な間違いだったということが分かります。

2　聖書の世界の「ルーアッハ」の意味とその宗教的発展

それでは次に、「ルーアッハ」のもともとの意味がどのようなものだったのか、そしてどのようにその意味が発展していったのか、確かめてみたいと思います。

ヘブライ語の「ルーアッハ」。この語は、空気が振動するときの音「ルールールー」に由来するものだったと言われています。

空気の振動としてすぐに結びつくのが、人が呼吸するとき吐いたり吸ったりする「息」と、自然界に吹き抜ける「風」です。したがって「ルーアッハ」の基本的な意味は、「風」と「息」ということになります。

また「ルーアッハ」のギリシャ語訳の「プネウマ」も、動詞「吹く」を語源とし、「ルーアッハ」と同じように、基本的には「風」と「息」という意味になります。

しかし、預言者たちが登場し、活躍し始めるころから、「ルーアッハ」は、「息」、「風」という基本的な意味を土台にしながら、宗教的な意味を帯びるようになっていきます。

「風」は、中近東の世界では、砂嵐で大地を変えたり熱風で自然を荒野に変えていったりする大きな力です。「ルーアッハ」は、その意味を土台にしながら、預言者たちの時代になると、歴史に働きかけ、歴史を動かし導いていく神の力という意味に発展していきます。具体的には、神が自ら選んだしもべの上に注ぐという形で、です。

また「息」は、いのちの証し、いのちを源泉として理解されておりましたが、それが、さらに発展し、罪ある人間の内奥に神のいのちを吹き込んで、人間を内側から清め、高め、神との交わりに導いていく息吹という意味を帯びるようになっていきます。

このように歴史の流れとともに宗教的な意味を帯びるようになった「ルーアッハ」を理解していくためには、預言者たちとしっかり向き合い、「ルーアッハ」が、どのような形で、どのような場面で使われているか、丁寧に確かめていく必要があります。それは、新約の世界での「霊」の働きを理解していく上で貴重なヒントを与えてくれることになります。

歴史を導く「ルーアッハ」

預言者たちとは、神の代弁者です。神の代弁者としての彼らに共通するものは、怒る神、憤る神の姿を強調していることです。どの預言者も、神の代弁者として、神に背を向け、偶像崇拝に走ってしまったイスラエルの人々の罪深さを糾弾し、アッシリアやバビロンなどの大国の侵略を、人々の裏切りに対して憤り怒る神の罰として意味づけて、人々に悔い改めを呼びかけていきます。

しかし、預言者たちの役割はそれだけでは終わりません。神の怒りを強調しながら、人々を見捨てず、その裏切りを赦し、人々を救おうとする神の姿についても語っていきます。

人々を救おうとする神の働きは、まず、選ばれたしもべの上に「ルーアッハ」を注ぐことから始まります。神は、「ルーアッハ」をしもべの上に注ぎ、彼らを介して、歴史を導いていこうとするのです。

エッサイの株から一つの芽が萌えいで、その根から一つの若枝が育ち、その上に主の霊が留まる。知恵と識別の霊、思慮と勇気の霊、主を知り、畏れ敬う霊。彼は主を畏れ敬う霊に満たされる（イザヤ11・1-3）。

見よ、わたしの僕、わたしが支える者を。わたしが選び、喜び迎える者を。彼の上にわたしの霊が置かれ、彼は国々の裁きを導き出す（イザヤ42・1）。

主はわたしに油を注ぎ、主なる神の霊がわたしをとらえた。わたしを遣わして貧しい人に良い知らせを伝えさせるために。打ち砕かれた心を包み、捕らわれた人には自由を、つながれている人には、解放を告知させるために（イザヤ61・1）。

彼はわたしに言われた。「人の子よ、自分の足で立て。わたしはあなたに命じる。」彼がわたしに語り始めたとき、霊がわたしの中に入り、わたしを自分の足で立たせた。わたしは語りかける者に耳を傾けた。主は言われた。「人の子よ、わたしはあなたを、イスラエルの人々、わたしに逆らった反逆の民に遣わす。彼らは、その先祖たちと同様わたしに背いて、今日この日に至っている。恥知らずで、強情な人々のもとに、わたしはあなたを遣わす。彼らに言いなさい、主なる神はこう言われる、と。」（エゼキエル2・1－4）

「ルーアッハ」を注がれたしもべは、「ルーアッハ」に促され導かれて、神の意向を理解し、それにそって語り、行動し、歴史を救いの歴史に導いてゆくことになります。「風（ルーアッハ）」が、砂嵐などをおこして大地の姿・形を変えていくのと同じように、「ルーアッハ」は、しもべを介して歴史を動かし変えていくことになります。

この「ルーアッハ」は、後にギリシャ語では「プネウマ」と訳されるようになります。新約聖書、特に福音書は、キリストの上にこの「プネウマ」が、注がれ、キリストがこの「プネウマ」に導かれてその生涯の歩みを始めていく姿を丁寧に伝えています。キリストが洗礼者ヨハネから洗礼を受けた場面で、天が開け、聖霊がはとのような姿で降ったというエピソードも、その一つです。

イエスは洗礼を受けると、すぐ水の中から上がられた。そのとき、天がイエスに向かって開いた。イエスは、神の霊が鳩のように御自分の上に降って来るのを御覧になった。そのとき、「これはわたしの愛する子、わたしの心に適う者」という声が、天から聞こえた（マタイ3・16－17）。

その後、キリストを、荒れ野に導き四十日四十夜、断食にサタンの試みを受けさせ、その生涯の準備をさせるのも「プネウマ」です。

さて、イエスは悪魔から誘惑を受けるため、〝霊〟に導かれて荒れ野に行かれた。そして四十日間、昼も夜も断食した後、空腹を覚えられた。すると、誘惑する者が来て、イエスに言った。「神の子なら、これらの石がパンになるように命じたらどうだ。」（マタイ4・1－3）

それから、〝霊〟はイエスを荒れ野に送り出した（マルコ1・12）。

イエスは聖霊に満ちて、ヨルダン川からお帰りになった。そして荒れ野の中を〝霊〟によって引き回され、四十日間、悪魔から誘惑を受けられた（ルカ4・1－2）。

イエスは、〝霊〟の力に満ちてガリラヤに帰られた（ルカ4・14）。

ルカ福音書が、荒野から戻ってきたとき、キリストは「プネウマ」に満ち満ちていたと記していることに、注目すべきです。それは、荒野でサタンの試みに試され、屈しなかったイエスが、いよいよ、迷うことも揺らぐこともなく、完全に神のしもべに徹して、天の父の意向のもとに、救いの歴史に向かって歩もうとする姿を強調するものです。キリストを導く「プネウマ」は、希望の歴史を創りあげようとする愛に満ちた神の力ということもできます。

さらにまた、いわゆる聖霊降臨の日に弟子たちの上に降る「プネウマ」は、キリストが切り開いた救いの福音を全世界に伝えていくよう、弟子たちを動かす神の力として理解することができます。

聖書の世界からは離れますが、カトリック教会の堅信の秘跡、叙階の秘跡などで注がれる「霊」は、このように神から託された使命を果たすように助け、支え、導く神の力として捉えることができます。

人間の内的再生と変容をもたらすいのちとしての「ルーアッハ」

次に、息、いのちとしての「ルーアッハ」の意味の発展についてです。

すでに「ルーアッハ」には、「いのちの証し、いのちを吹き込み与える源泉」として理解されていると指摘してきましたが、創世記2章7節で使われている「いのちの息」の「息」はヘブライ語の「ネシャーマー」で、狭義的な意味では、神から出るいのちの「息」を表します。それに対して「ルーアッハ」は広義的です。

「ネシャーマー」は旧約では24回。創世記7章22節ではノアの家族以外の「いのちの息を吹きこまれたもの」はみな死にましたが、詩編の最後の節（150・6）は「息あるものはみな、主をほめたたえよ。ハレルヤ」と結ばれています。ここで使われている「息あるもの」とは、冠詞つきの「ハ・ネシャーマー」です。

息、風、空気、大いなるものの息、存在の原理の意、呼吸、気息、生命、いのちの呼吸、力、エネルギー、息、風という意味が基本になっています。

聖霊とは、ギリシャ語では、「アギオ（聖なる）プネウマ（霊）」、ヘブライ語では、「アッハ（霊）」。旧約聖書の中では「聖なる」という形容詞がついた「ルーアッハ（霊）」は見当たりません。いずれにしても、このような歴史的背景もあって、聖霊について正確に理解することが、わたしたちには難しくなってしまっていることは事実です。
旧約聖書の中では「聖なる」という形容詞はあまり使われていません。頻繁に使われるのは「神の霊」です。

聖書の中の霊

①地は混沌であって、闇が深淵の面にあり、神の霊が水の面を動いていた。（創世記1・2）
②主なる神は土のちりで人を造り、命の息をその鼻に吹きいれられた。そこで人は生きる者となった。（創世記2・7）
③憤りの風によって、水はせき止められ、流れは、あたかも壁のように立ち上がり、大水は海の中で固まった。（中略）あなたが息を吹きかけると、海は彼らを覆い、彼らは恐るべき水の中に鉛のように沈んだ。（出15・8–10）
④エッサイの株から一つの芽が萌えいで、その根から一つの若枝が育ち、その上に主の霊が留まる。知恵と識別の霊、思慮と勇気の霊、主を知り、畏れ敬う霊。彼は、主を畏れ敬う霊に満たされる。（イザヤ11・1–3）

⑤見よ、わたしの僕、わたしが支える者を。わたしが選び、喜び迎える者を。彼の上にわたしの霊が置かれ、彼は国々にさばきを導き出す。（イザヤ42・1）

⑥主はわたしに油を注ぎ、主なる神の霊がわたしをとらえた。わたしを遣わして貧しい人に良い知らせを伝えるために。打ち砕かれた心を包み、捕らわれ人には自由を、繋がれている人には、解放を告知させるために。（イザヤ61・1）

⑦それらは霊が行かせる方向に、霊が行かせる所にはどこにでも進み、車輪もまた、共に引き上げられた。生き物の霊が、車輪の中にあったからである。生き物が進むときには車輪も進み、生き物が止まるときには車輪も止まった。また、生き物が地上から引き上げられるとき、車輪も共に引き上げられた。生き物の霊が、車輪の中にあったからである。（エゼキエル1・20－21）

⑧彼はわたしに言われた。「人の子よ、自分の足で立て。わたしはあなたに命じる。」彼がわたしに語り始めたとき、霊がわたしの中に入り、わたしを自分の足で立たせた。わたしは語りかける者に耳を傾けた。主は言われた。「人の子よ、わたしはあなたを、イスラエルの人々、わたしに逆らった反逆の民に遣わす。彼らは、その先祖たちと同様わたしに背いて、今日この日に至っている。恥知らずで、強情

な人々のもとに、わたしはあなたを遣わす。彼らに言いなさい、主なる神はこう言われる、と。（エゼキエル2・1–4）

⑨わたしは、彼らに一つの心を与え、彼らの中に新しい霊を授ける。わたしは、彼らの肉から石の心を取り除き、肉の心を与える。彼らがわたしの掟にしたがって歩み、わたしの法を守り行うためである。こうして彼らはわたしの民となり、わたしは彼らの神となる。（エゼキエル11・19–20）

⑩わたしが清い水をお前たちの上に振りかけるとき、お前たちは清められる。わたしはお前たちを、すべての汚れとすべての偶像から清める。わたしはお前たちに新しい心を与え、お前たちの中に新しい霊を置く。わたしはお前たちの体から石の心を取り除き、肉の心を与える。また、わたしの霊をお前たちの中に置き、わたしの掟に従って歩ませ、わたしの裁きを守り行わせる。お前たちは、わたしが先祖に与えた地に住むようになる。お前たちはわたしの民となりわたしはお前たちの神となる。（エゼキエル36・25–28）

⑪主の手がわたしの上に臨んだ。わたしは主の霊によって連れ出され、ある谷の真ん中に降ろされた。そこは骨でいっぱいであった。主はわたしに、その周囲を行き

巡らせた。見ると、谷の上には非常に多くの骨があり、また見ると、それらは甚だしく枯れていた。そのとき、主はわたしに言われた。「人の子よ、これらの骨は生き返ることができるか。」わたしは答えた。「主なる神よ、あなたのみがご存じです。」そこで、主はわたしに言われた。「これらの骨に向かって預言し、彼らに言いなさい。枯れた骨よ、主の言葉を聞け。これらの骨に向かって、主なる神はこう言われる。見よ、わたしはお前たちの中に霊を吹き込む。すると、お前たちは生き返る。」（エゼキエル37・1–5）

⑫喜び祝う声を聞かせてください。あなたによって砕かれたこの骨が喜び躍るように。わたしの罪に御顔を向けず、咎をことごとくぬぐってください。神よ、わたしの内に清い心を創造し、新しく確かな霊を授けてください。御前からわたしを退けず、あなたの聖なる霊を取り上げないでください。御救いの喜びを再びわたしに味わわせ、自由の霊によって支えてください。（詩編51・10–14）御顔を隠されれば彼らは恐れ、息吹を取り上げられれば彼らは息絶え、元の塵に返る。あなたは御自分の息を送って彼らを創造し、地の面を新たにされる。（詩編104・29–30）

⑬誰の言葉を取り次いで語っているのか。誰の息吹があなたを通して吹いているのか。

（ヨブ記26・4）
⑭神の霊がわたしを造り、全能者の息吹がわたしに命を与えたのだ。（ヨブ記33・4）
⑮六か月目に、天使ガブリエルはナザレというガリラヤの町に神から遣わされた。ダビデ家のヨセフという人の許嫁であるおとめのところに遣わされたのである。そのおとめの名はマリアといった。天使は、彼女のところに来て言った。「おめでとう、恵まれた方。主があなたと共におられる。」マリアはこの言葉に戸惑い、いったいこの挨拶は何のことかと考え込んだ。すると、天使は言った。「マリア、恐れることはない。あなたは神から恵みをいただいた。あなたは身ごもって男の子を産むが、その子をイエスと名付けなさい。その子は偉大な人になり、いと高き方の子と言われる。神である主は、彼に父ダビデの王座をくださる。彼は永遠にヤコブの家を治め、その支配は終わることがない。」マリアは天使に言った。「どうして、そのようなことがありえましょうか。わたしは男の人を知りませんのに。」天使は答えた。「聖霊があなたに降り、いと高き方の力があなたを包む。だから、生まれる子は聖なる者、神の子と呼ばれる。」（ルカ1・26―35）
⑯しかし、イエスはお答えになった。「今は、止めないでほしい。正しいことをすべ

て行うのは、我々にふさわしいことです。」そこで、ヨハネはイエスの言われるとおりにした。イエスは洗礼を受けると、すぐ水の中から上がられた。そのとき、天がイエスに向かって開いた。イエスは、神の霊が鳩のように御自分の上に降って来るのを御覧になった。そのとき、「これはわたしの愛する子、わたしの心に適う者」という声が、天から聞こえた。（マタイ3・15–17）

⑰さて、イエスは悪魔から誘惑を受けるため、〝霊〟に導かれて荒れ野に行かれた。そして四十日間、昼も夜も断食した後、空腹を覚えられた。すると、誘惑する者が来て、イエスに言った。「神の子なら、これらの石がパンになるように命じたらどうだ。」イエスはお答えになった。（マタイ4・1–4）

⑱それから、霊は、イエスを荒れ野に送り出した。（マルコ1・12）

⑲イエスは聖霊に満ちて、ヨルダン川からお帰りになった。そして荒れ野の中を、霊によって引き回され、四十日間、悪魔の誘惑を受けられた。（ルカ4・1–2）

⑳イエスは、霊の力に満ちてガリラヤに帰られた。（ルカ4・14）

㉑イエスは洗礼を受けると、すぐ水の中から上がられた。そのとき、天がイエスに向かって開いた。イエスは、神の霊が鳩のように御自分の上に降って来るのを御覧

になった。そのとき、「これはわたしの愛する子、わたしの心に適う者」という声が、天から聞こえた。(マタイ3・16–17)

㉒それればかりでなく、苦難をも誇りとします。わたしたちは知っているのです。苦難は忍耐を、忍耐は練達を、練達は希望を生むということを。希望はわたしたちを欺くことがありません。わたしたちに与えられた聖霊によって、神の愛がわたしたちの心に注がれているからです。(ロマ5・3–5)

㉓神の霊によって導かれる者は皆、神の子なのです。あなたがたは、人を奴隷として再び恐れに陥れる霊ではなく、神の子とする霊を受けたのです。この霊によってわたしたちは、「アッバ、父よ」と呼ぶのです。この霊こそは、わたしたちが神の子供であることを、わたしたちの霊と一緒になって証ししてくださいます。(ロマ8・14–16)

㉔五旬祭の日が来て、一同が一つになって集まっていると、突然、激しい風が吹いて来るような音が天から聞こえ、彼らが座っていた家中に響いた。そして、炎のような舌が分かれ分かれに現れ、一人一人の上にとどまった。すると、一同は聖霊に満たされ〝霊〟が語らせるままに、ほかの国々の言葉で話しだした。さて、エ

ルサレムには天下のあらゆる国から帰って来た、信心深いユダヤ人が住んでいたが、この物音に大勢の人が集まって来た。そして、だれもかれも、自分の故郷の言葉が話されているのを聞いて、あっけにとられてしまった。（使行2・1-6）

㉕わたしが言いたいのは、こういうことです。霊の導きに従って歩みなさい。そうすれば決して肉の欲を満足させるようなことはありません。肉の望むものは、霊に反し、霊の望むところは、肉に反するからです。肉と霊とが対立し合っているので、あなたがたは自分のしたいと思うことができないのです。しかし、霊に導かれているなら、あなたがたは、律法の下にはいません。肉の業は明らかです。それは、姦淫、わいせつ、好色、偶像礼拝、魔術、敵意、争い、そねみ、怒り、利己心、不和、仲間争い、ねたみ、泥酔、酒宴、その他このたぐいのものです。（中略）、霊の結ぶ実は愛であり、喜び、平和、寛容、親切、善意、誠実、柔和、節制です。わたしたちは肉を欲情や欲望もろとも十字架につけてしまったのです。わたしたちは、霊の導きに従って生きているなら、霊の導きに従ってまた前進しましょう。（ガラテア5・16-25）

㉖肉から生まれた者は肉である。霊から生まれた者は霊である。風は思いのままに

吹く。あなたはその音を聞いてもそれがどこから来て、どこへ行くのか知らない。霊から生まれた者も皆その通りである。（ヨハネ3・6−8）

㉗今あなたがたには理解できない。しかし、その方、すなわち真理の霊が来ると、あなた方を導いて真理をことごとく悟らせる。その方は、自分から語るのではなく、聞いたことを語り、またこれから起こることをあなた方に告げるからである。（ヨハネ16・12、13）

㉘神は霊である。だから神を礼拝する者は、霊と真理とをもって礼拝しなければならない。（ヨハネ4・24）

㉙わたしたちには、神が〝霊〟によってそのことを明らかに示してくださいました。〝霊〟は一切のことを、神の深みさえも究めます。人の内にある霊以外に、いったいだれが、人のことを知るでしょうか。同じように、神の霊以外に神のことを知る者はいません。わたしたちは、世の霊ではなく、神からの霊を受けました。それでわたしたちは、神から恵みとして与えられたものを知るようになったのです。そして、わたしたちがこれについて語るのも、人の知恵に教えられた言葉によるのではなく〝霊〟に教えられた言葉によっています。つまり、霊的なものによって霊的なことを説明する

のです。自然の人は神の霊に属する事柄を受け入れません。その人にとって、それは愚かなことであり、理解できないのです。霊によって初めて判断できるからです。霊の人は一切を判断しますが、その人自身はだれからも判断されたりしません。

(一コリント2・10－15)

㉚

ここであなたがたに言っておきたい。神の霊によって語る人は、だれも「イエスは神から見捨てられよ」とは言わないし、また、聖霊によらなければ、だれも「イエスは主である」とは言えないのです。賜物にはいろいろありますが、それをお与えになるのは同じ霊です。務めにはいろいろありますが、それをお与えになるのは同じ主です。働きにはいろいろありますが、すべての場合にすべてのことをなさるのは同じ神です。一人一人に〝霊〟の働きが現れるのは、全体の益となるためです。ある人には〝霊〟によって知恵の言葉、ある人には同じ〝霊〟によって知識の言葉が与えられ、ある人には、その同じ〝霊〟によって信仰、ある人には、この唯一の〝霊によって病気をいやす力、ある人には奇跡を行う力、ある人には預言する力、ある人には霊を見分ける力、ある人には種々の異言を語る力、ある人には異言を解釈する力が与えられています。これらすべてのことは、同じ唯一

の〝霊〟の働きであって〝霊〟は望むままに、それを一人一人に分け与えてくださるのです。(一コリント12・3–11)

旧約聖書においても、新約聖書においても、聖霊は「風」や「息」というシンボルで表されています。それは「神のいのち」そのものです。

旧約聖書におけるヘブライ語の「ルーアッハ」は、「霊」(spirit)、「風」(wind)、「息」(breath)と訳されます。「ルーアッハ」のもともとの意味は「移動する空気」(air in movement)で、空気が流れ動くことで、そこから自然界で吹き抜ける「風」の意味がもたらされました。一口に「風」と言っても、穏やかな「そよ風」(創世記3・8)もあれば、林の木々が揺らぐような「風」(イザヤ7・2)もあります。また、船を難破させるような激しい暴風(ヨナ1・4)もあります。風はしばしば「神の奇しきわざ」を表わすときに神が用いられる手段です。

旧約のヘブライ語の「ルーアッハ」に相当するギリシャ語は「プニューマ」ヨハネの福音書3章5–8節ではイエスが「御霊による新生」を風の働きにたとえています。

「風はその思いのままに吹き、……その音を聞くが、それがどこから来てどこへ行くかは知らない。御霊によって生まれる者もみな、そのとおりです」とあります。ここでイエスは「プニューマ」を「風」と「聖霊」の両義を使い分けて、聖霊が風のように自由に働くことを語っておられます。風は目には見えませんが、その働きと効果は明瞭に観察されるのです。そのように、聖霊も思いのままに吹き、自由に働いて人を新生させるだけでなく、神とのかかわりの中に人を回復させ、刷新させる生ける力をもっているのです。

神のいのちの息

創世記2章7節には「神である主は、土（アダマ）のちりで人（アダム）を形づくり、その鼻にいのちの息を吹き入れられた。人はこうして生きる者となった」とあります。いのちの根源としての「いのちの息」を吹き込まれることによって、人は神との人格的な交わりを持つことのできる特別な能力を与えられました。それは神のかたちにかたどって造られた人間だけに与えられたもので、神とのかかわりにおいて、神の愛や罪の赦しを受けて喜ぶことのできる能力を意味しています。

ちなみに、新約聖書における「いのちの息」は「神の息吹」、つまり「霊感」と訳されています。使徒パウロは二テモテ3章16節で、ただ一回限りですが、「聖書（ここでは旧約聖書のこと）はすべて神の霊感（神の息吹 God-breathed）ギリシャ語では「セオプニューマトス」によって」書かれたものであることを記しています。つまり、神が人にいのちの息を吹き込んで生きたものとしたように、聖書を書く人に神が誤りなく書き記すために神の息吹を吹きかけられました。それゆえ、それを読む者にも神の霊の助けが必要なのです。神と人とが生きたかかわりを持つために聖霊の助けは欠かせないのです。

枯れた骨を生き返らせる「神の息吹」

ところで、聖霊が「息」というシンボルで表されている最も良い聖書箇所はエゼキエル書37章です。そこでは枯れた骨が神の息が吹き入れられることによって生き返るビジョンが記されています。「枯れた骨」とは、ここではイスラエルの民のことです

（37・11）。神ならぬ偶像礼拝の罪によってなんの役にも立たなくなってしまった神の民、捨てておくしかない神の民たちのことをここで「枯れた骨（干からびた骨）」と神は言っているのです。しかし、神である主はこれらの「枯れた骨」を神の息吹によってリセットしようとされたのです。

神は預言者エゼキエルに問いかけます。

「これらの骨は生き返ることができようか。」（37・3）

人を生かし、回復させるのは神の「息」としての「ルーアッハ」です。

「わたしは、命じられたように預言した。預言していると、音がした。なんと、大きなとどろき。すると、骨と骨とが互いにつながった。わたしが見ていると、なんと、その上に筋がつき、肉が生じ、皮膚がその上をすっかりおおった。しかし、その中に息はなかった。そのとき、主は仰せられた。」

「霊に預言せよ。人の子よ。預言してその霊に言え。神である主はこう仰せられる。

霊よ。四方から吹いて来い。この殺された者たちに吹きつけて、彼らを生き返らせよ。わたしが命じられたとおりに預言すると、息が彼らの中に入った。そして彼らは生き返り、自分の足で立ち上がった。非常に多くの集団であった。（37・7−10）

神の霊によって生き返ったイスラエルの民の姿を、別な視点から表現するならば、詩篇119編にある「幸いなことよ。全き道を行く人々、主のみおしえによって歩む人々」、「主のさとしを守り、心を尽くして主を尋ね求める人々」（119・1−2）ということになるかと思います。預言者エレミヤが「もし、あなたがたが心を尽くしてわたしを捜し求めるならわたしを見つけるだろう。わたしはあなたがたに見つけられる」（エレミヤ29・13−14）と預言していたことが実現したのです。つまり、「心を尽くして主を尋ね求める人々」とされたことの背景には、エゼキエルの言う「見よ。わたしがおまえたちの中に息を吹き入れるので、おまえたちは生き返る。」（37・5）という預言の成就があるのです。聖霊である神の息吹なしにイスラエルの民は生き返ることはできず、ましてや、主を心を尽くして尋ね求めることにはならなかったということです。

神の民は神の恩寵としての息吹によって生き返ることによって、はじめて自分の足で立つことができます。「自分の足で立つ」とは、主体的、自発的な生き方をすることを意味します。神のみおしえ（トーラー）に対するかかわりが全く変えられることを意味します。

このように人を新しく生かし、人を神に立ち返らせて回復させるのは神の「息吹」としての「ルーアッハ」である聖霊です。この方こそわたしたちが神とのかかわりを豊かにし、神の愛――長さ、広さ、高さ、深さにおいて人知をはるかに越えた神の愛――を知る（経験する）ための必要不可欠なお方です。

風はだれからも支配されることなく、思いのままに吹きます。またどんな隙間からでも入っていきます。そしてひとたび聖霊の風が吹くならば人の予想をはるかに越えたすばらしいことが起こります。

霊・息吹（イザヤ61・1－2a・10－11）

このヘブライ語（ルーアッハ）はもともとは「空気の移動」を表し、「風」や「息吹」の意味で使われます。神は土の塵で人を形づくり、その鼻に「息」を吹き入れることによって、人を生きる者にしました（創2・7）。ですから、神が「息吹」を取り上げれば彼らは息絶え、神がご自分の「息吹」を送れば、新たにされます（詩104・29―30）。夕方の涼しい「風」のように（創3・8）、自然に吹く風もこの語で表しますが、洪水を引かせた「風」（創8・1）や葦の海を分けた「風」（出14・21）や荒れ野にうずらを運んだ「風」（民11・31）のように、風といっても、特に神の意志を運ぶ「風」を表します。

このように神から来るルーアッハは人を新たにし、自然を変える力ですから、多くの用例では人や自然を変える力という側面にスポットが当てられています。今週の朗読でも、第三イザヤに神のルーアッハが降るとき、彼は造り変えられ、神からの使命にふさわしい者にされます。

日本語の「霊」とは違い、ルーアッハが「霊的存在」（王上22・21）を表す用例はわずかです。ルーアッハはむしろ「気」に近い概念かも知れません。

「霊」はギリシャ語で「プネウマ pneuma」、ヘブライ語で「ルーアッハ」と言い、どちらも本来、「風」や「息」を意味することばです。古代の人は、目に見えない大きな力（生命力）を感じたときに、それを「プネウマ」とか「ルーアッハ」と呼んだのです。その力が神からの力であれば、それが「聖霊」だということになります。聖霊は目に見えないので、その働きを感じさせるしるしをもって表現されています。使徒言行録2章では「激しい風が吹いてくるような音」や「炎のような舌」（3節）がそれにあたり、ヨハネ20章では「息を吹きかけ」（22節）がそのしるしです。なお「舌」のギリシャ語は「グロッサ glossa」で、これは6節の「ことば」と同じ語です。「炎のような舌」は、使徒たちに与えられる聖霊の賜物が、ことばの賜物であることを象徴しているのです。

　聖霊の働きは非常に広いものです。ヨハネ福音書の「息を吹きかけて」は、創世記2章7節でアダムが創造された場面を思い起こさせます。「主なる神は、土（アダマ）の塵で人（アダム）を形づくり、その鼻に命の息を吹き入れられた。人はこうして生きる者となった」。神の働き・神とのつながり（聖霊）なしに人は生きることができないのです。詩編104編29-30節でもすべてのものを造り、生かしてくださる神の働きが次のように歌われています。「御顔《みかお》を隠されれば彼らは恐れ　息吹を取り上げられれば彼らは息絶え、元の塵に返る。あなたは御自分の息を送って彼らを創造し　地の面《おもて》を新たにされる」。聖霊の働きのこの広さは大切です。「風（プネウマ）は思いのままに吹く」

（ヨハネ3・8）と言われるように、聖霊が働く範囲を人間が限定することはできません。聖霊は秘跡の中だけに働くとか、教会の中だけに働くとか、ましてわたしの中だけに働くとは誰も言えないのです。人が意識しても意識しなくても、いつも聖霊は働いてくださっているということは本当に大切なことです。

しかし、人間が特別に聖霊を意識するときがあります。聖書の中でそれは二種類の体験に関係しています。一つは、人が神から与えられたミッション（派遣・使命）を果たそうとするときの体験であり、もう一つは、神と人、人と人とが結ばれるという体験です。

人間が神から与えられるミッションを生きようとするとき、自分の弱さ・無力さを痛感します。しかし、それでも何とかこのミッションを果たせたとするならば、そこに不思議な仕方で神が助けてくださった、という実感があるはずです。それは自分のうちに、神が働いてくださったとしかいえないような体験です。聖書の中でもこのような神の働きが「聖霊」と呼ばれています。旧約聖書では、王や預言者がその使命を受けるとき、聖霊が降《くだ》ると表現されています（サムエル上16・13、イザヤ61・1参照）。新約聖書の中では、成人したイエスが、ヨルダン川で洗礼を受け、神の子としての活動を始めるときに聖霊が降りました。また、使徒言行録2章のペンテコステの出来事でも、弟子たち（最後までイエスについていけなかった弱い弟子たち）が福音を告げ知らせる使命を果たそうとするときに聖霊が降るのです。ヨハネ20章では、神のゆるしを人に伝えていくという大きな使命が弟子たちに与えられることと聖霊の授与が結ばれています。

本文中の聖書の引用は
日本聖書協会『聖書　新共同訳』
を使用させていただきました。

病と老いと死、とその後の「いのち」

著　者　　森　一弘
発行所　　女子パウロ会
代表者　　松岡陽子
〒107-0052　東京都港区赤坂 8-12-42
Tel (03)3479-3943　Fax (03)3479-3944
Web サイト　https://pauline.or.jp/
印刷所　　図書印刷株式会社
初版発行　2024年3月31日

ISBN978-4-7896-0839-8 C0016 NDC194

ブックデザイン　佐藤 克裕